野村克也

運

「ツキ」と「流れ」を呼び込む技術

竹書房

はじめに　不思議の先にある「答え」

理をもって戦う。それが私の根本的な考え方だ。理にかなわないことは、けっしてしない。私の勝負哲学の基本は、常にそこにある。

したがって、「たまたま運よく勝った」「なぜかツキが味方して、うまくいった」というようなことは、プロとして喜ばしいとは思わない。そんなものはマグレであり、何の根拠もない。何事にも根拠というものがあるのだから、プロとして理にかなうプロセスを経てこそ、勝利という結果を得ることができるのだ。

しかしである。長年、勝負の世界で生きていると、理論的には説明がつかない勝敗結果に出くわすことがある。勝負には、ときどきセオリーでは考えにくい現象が起こるのもまた事実だ。

そういうとき、私はよくこういう表現をしてきた。

「負けに不思議の負けなし。勝ちに不思議の勝ちあり」

相手の致命的なミスのおかげで勝利が転がり込んできたり、なぜか相手にアンラッキーなことが起きたり、味方にラッキーなことが起きたりして勝ってしまう。その反対に、負けるときというのは、かならず敗因があって、負けるべくして負けている。

つまり、負けは理論的な説明ができるけれど、勝ちは理にかなわないこともある。いったい、なぜ、そういうことが起こるのか？　なぜ運よく勝つことができたのか。なぜツキが味方して、いい結果になることがあるのか。おまけに、そういう現象というのは、ある特定の人にしばしば起こることがある。

たとえば、私が身近に接した選手の中で、もっとも幸運な結果を重ねた選手の1人が田中将大だ。楽天時代に選手と監督として同じユニフォームを着ていたときにも、マー君の強運ぶりを目の前で見たが、ニューヨーク・ヤンキースに移籍してからも、それは変わらなかった。メジャー3年目のシーズンには、1イニングにホームランを4本も打たれたのに勝利投手になったことさえある。私も長い間、野球を見てきたが、そんな試合は記憶にないし、そんなプロのピッチャーは1人も知らない。しかも、マー君はこの試合でメジャー自己最多の14勝目を挙げている。

マー君が楽天に入団したばかりのとき、打たれても打たれても味方打線が逆転してくれるのを何度も見て、私は思わず「マー君　神の子　不思議な子」と言った。

マー君は不思議なほど負けない。言い換えれば、運がいい選手だった。それが２０１３年の24連勝という信じられない記録につながった。これは、だれが見ても運がなければ成し得ない。まさに「神の子」ならではの偉業だ。

なぜマー君は、こんなにも運が強いのか。私は占い師ではないので、その答えは、よくわからない。運の良し悪しに、どんな根拠があるのか、少なくとも私には理にかなう説明ができない。

だからといって、「運のことは占い師に聞いてくれ」と言うだけでは芸がない。なにしろ、これは野球の世界で起こっていることなのだ。私は野球のプロとして「なぜこんな不思議なことが起きたのか」を検証することにした。従来のセオリーだけでは根拠が見出せないからといって「不思議」のひと言で終わらせるのではなく、もっとその先を突き詰めてみよう。そこには「なぜあの人は運がいいのか」の答えがあるはずだ。

そういう視点で運について洗い直してみると、そこには根拠と呼べるものがちゃんとあった。

たとえば、マー君の例で言えば、マー君の日ごろの姿勢や努力が運につながっていた。

つまり、きちんとしたプロセスがあったからこそ、運を呼び込み、いい結果につながっていたのだ。「不思議の勝ちにも根拠あり」なのだ。

そして、野球の世界には、マー君に負けないような強運の持ち主がいる。いわゆる「持ってる」と言われる人たちがいる。彼らに改めて注目してみると、やはり、たまたま運がいいというのではなく、自らの力で運を引き寄せているのだということがよくわかった。

運とは、単なる偶然で起こるのではない。理をもって運を引き寄せることもできるのだ。ちゃんとしたプロセスを経たからこそツキを呼び込む。そういう人たちが実はたくさんいたのだ。本文の中では、その内容をひとつひとつ具体的に示した。

それは、きっと野球における運にかぎらず、運そのものの正体の1つだと言っていいだろう。つまり、運の根拠とは何か。ツキを呼ぶプロセスとはどういうものか。それを解き明かして、運をこの手でつかむための方法を知る。それが本書のテーマである。

運やツキという論理的に説明できないことは本来、私には解説などできないと思っていた。しかし、「運がある」という人や「ツキがある」という現象が存在するのもたしかなことだ。そもそも、この私自身、80歳を過ぎたいま、つくづくこう思う。

「俺は運がよかったな」

名もなく貧しく実績もない田舎の高校球児が、こんなに長くプロ野球の世界で生きてこられたのは運がよかったとしか言いようがない。運よく南海ホークスにテスト生として拾ってもらい、素質もないのに運よく長年プロ野球選手として働かせてもらい、まさか監督までやらせてもらえるなんて思ってもいなかった。

その後、南海をクビになったとき「とうとう俺の運も尽きたか」と思っていたが、まさに「捨てる神あれば拾う神あり」。だれかに捨てられるたびに運よく拾ってくれる人がいて、なんとか生き長らえてきた。

そして、いま振り返ってみれば、そうした私の運にも、それなりの根拠があったのだと気づかされる。その根拠とは、マー君の強運の根拠や「持ってる人たち」のプロセスや努力や習慣と共通することがたくさんあるということが、いまさらながらよくわかる。

私はいま、自分にこれまで訪れた幸運に感謝する気持ちを込めて、運とは何かをここに記したい。これは、理をもって運を引き寄せる、根拠のある運を呼び込むための最初で最後の「野村の運の書」である。本書が野球という小さな世界を飛び越えて、多くの読者が運をつかむための本になると私は信じている。

運

目次

第1章　野村の運

第4章 感性を磨くと運が来る

第5章 「流れ」の正体

第6章　悪い流れを好転させる

第1章

野村の運

私の野球人生は運で半分つくられている

「俺は、つくづく運がよかったなあ」

私は80歳を過ぎたいま、自分の人生を振り返って考えてみると、心からそう思う。

プロ野球の世界というのは、恐ろしいほど天才的な人たちが集った場所である。全国各地のトップの中のトップの選手だけが集結して、さらにその中で激しい生存競争をして、たった12球団のわずか9つのポジションを勝ちとるというのは、実は気の遠くなるほど先の頂上を目指す争いだ。

愚鈍な私がそんな世界に混ぜてもらって、しかも、長い間、レギュラー選手として働かせてもらって、おまけに監督までやらせてもらった。そのうえ、こんな爺さんになってもなお、こういう本を出させてもらったり、解説や評論の仕事をさせてもらったりして、かれこれ60年以上も野球で飯を食わせてもらっている。これは運以外のなにものでもない。

「それは野村克也という人にそういう才能があって、そのための努力をしたからでしょう。

運がよかったからじゃないでしょう」

そう言う人がいるかもしれない。けれども、どう考えても、運がよかった。たしかに多少、野球の才能はあったかもしれない。でも、それは親が生み与えてくれたものだ。運よくこういう丈夫な体と少々の身体能力を授けてもらったのだ。

たしかに努力だけは人一倍したかもしれない。しかし、野球界には同じような努力をした人は他にいくらでもいる。その中で私がここまでやってこられたのは、考えれば考えるほど、運がよかったからだ。そうした私自身の運について考えてみることで、運とは何かを改めて見つめ直してみたい。

そもそも、私が「人一倍、努力をしよう」と思ったのは、「運よくプロ野球選手になれたのだから、こうなったらこの世界で生き抜いていきたい。そのためには、周りの選手に比べて才能が劣っている自分には、だれよりも努力するしかない」と思ったからだ。

私は京都の日本海沿いの網野町という小さな田舎町の貧しい家に生まれた。父は私が3歳のときに戦死し、病弱な母が女手一つで兄と私を育てた。食うや食わずの生活の足しに少しでもなるように、子どもながらに新聞配達と牛乳配達のアルバイトをして凌いだ。

「こんな貧乏はいやだ。お金をたくさん稼いで母ちゃんを楽にさせてあげたい。家を建ててあげて、ゆっくり養生させてあげたい」

私は毎日、そればかり考えながら暮らしていた。

「中学を卒業したら働きに出てくれ」

母にそう言われたが、私にはどうしても高校に進学したい事情があった。高校で野球をやって、将来はプロ野球選手になって、たくさんお金を稼ぎたいと思ったのだ。中学生の乏しい知恵では「たくさん稼ぐには芸能人になるかプロ野球選手になるしかない」というぐらいしか考えつかない。自分の容姿では芸能人は無理だろうと思って、「じゃあ野球しかない」と思い込み、なんとか進学を認めてもらった。

このとき、兄が母にこう頼んでくれたのが後押しとなった。

「俺は働くから、克也は高校に行かせてやってくれ」

いい兄を持った。それも大きな運だった。

ところが、私が進んだ京都府立峰山高校の野球部は、廃部寸前の弱小チームだった。甲子園出場はおろか、野球部の存続すら危うかった。実際にそういう危機に陥ったこともあるが、私は必死で野球部を守り、野球を続けた。なんといっても、私はプロ野球選手にならなければ母を楽にしてあげることはできないのだ。

とはいえ、京都は平安高校や京都商業をはじめ強豪校がひしめいており、野球レベルが高い地域だ。田舎の無名校が勝ち上がったり、私のようにたいして素質のない選手が名を馳せたりできるはずもなかった。

当然、そんな私がプロ野球のスカウトの目に留まることもなく、だれかが私をプロ野球の世界に導いてくれることなどありえなかった。とすると、私がプロ野球選手になるためには、自分で自分を売り込みに行くこと、つまり、入団テストを受けるぐらいしか方法がない。当時は各球団が随時、入団テストを実施していたが、恐ろしいほど狭き門であるばかりか、テスト生から出世して活躍する選手など、ほとんど聞いたことがなかった。大学野球で有名な選手や甲子園で活躍した選手がスカウトに手厚く迎えられて、そのままプロでも活躍するという図式だった。

それでも、無名校の無名選手がプロになるためには、万に一つの可能性にかけて挑戦するしかない。私はとにかくテストを受けさせてくれる球団を探してチャレンジしようと思った。

「でも、待てよ。もし運よく入団できても、レギュラーにもなれずにクビにでもなったらなんにもならん。こうなったら、キャッチャーの俺がレギュラーになる近道がありそうな球団を選ぼう」

そんな最低限の知恵だけは働いていた。プロ野球の選手名鑑を念入りに見て、キャッチャーが手薄な球団やレギュラーキャッチャーが年齢的に早晩引退しそうな球団を探し出してみた。私は巨人のファンだったが、巨人には藤尾茂という若きレギュラーキャッチャーがいる。もし巨人に入団できたとしても、私の出番はどこにもない。そういう球団は候補から除外していった。当時は新聞各紙の求人募集広告欄に各球団の入団テストの募集が掲載されていることもあった。そういう情報にもアンテナを張り、何とかしてプロ野球選手になれる道を探り当てようと必死だった。

「南海か広島。この2つやな」

そう思っていたとき、応援をしてくれたのが野球部の顧問、清水義一先生だった。

「私にはプロ野球の世界がどういうところなのか見当もつかないし、伝手も何もないが、野村がそこまで本気なら、私が球団に手紙を書いて送ってみよう」

それからしばらくして南海から返事が来て、入団テストを受けられることになった。

「よかったな、野村。おまえの夢がかなうように俺も祈っているぞ」

いい先生に恵まれた。これも1つの運だった。

占い師のお告げ

南海の入団テスト当日、会場の大阪球場には300人を超える応募者が詰めかけていた。

「こりゃあかん。こんなに大勢の中から俺が選ばれるわけがない」

これだけたくさんの中で、自分が走攻守で抜きん出られるとは、とても思えなかった。

遠投のテストのときなどは、私が1球目を投げたのを見て、投球地点で係員を務めている人が、「この肩では合格圏内に入るのが難しい」と思ったのだろう。

「おい、白線からはみ出てもいいから、もっと前から投げてみろ」

そう囁いて、なぜか私の後押しをしてくれた。

そのおかげもあったのかどうか、私は運よく7人の合格者のうちの1人になった。そのうちの4人がキャッチャーだった。私は地元に戻って、真っ先に清水先生に報告に行った。

「先生、おかげさまで南海のテストに合格しました。ありがとうございました」

「おお、それはよかった。しっかりがんばって、お母さんを喜ばせてあげるんだよ」

高校を卒業して、晴れて大阪に出発する日には、網野町の人たちや峰山高校の人たちが、駅まで見送りに来て、みんなで祝福してくれた。

「野村克也君、バンザイ！」

「網野町初のプロ野球選手、がんばれ！」

大阪まで清水先生が同行してくれた。田舎の高校を卒業したばかりの18歳の青年には、これほど心強い保護者はいなかった。大阪までの途中、京都駅に着いたとき、先生は意外なことを言った。

「野村はこれから特別な世界に入るんやから、一度、占ってもらおうか。祇園に、とてもよく当たる占い師がいるんや」

町屋が立ち並ぶ狭い路地を入ったところに、その占い師はいた。白い髭を生やしたお爺さんは、こう言った。

「あなたは、とてもよい仕事運を持っている。もしあなたが失敗するとしたら、その原因は女です」

それが結果的に大当たりだったことは、そのときの私はまだ知る由もなかった。清水先生は、占い師にこう尋ねてくれた。

「勝負の世界では、名前の良し悪しが成功を左右する場合があるというので改名する人が多いようですが、野村克也という名前は、いかがでしょうか？」

「野村克也、昭和10年6月29日生まれ。これは、とても良い日に生まれている。親からもらった大事な名前を変えることはしなくてもいいでしょう」

私はプロ野球という未知の厳しい世界に飛び込む前の不安を、少しだけ軽くしてもらったような気がした。尊敬する清水先生が信頼する占い師が「仕事運はよい。いい日に生まれている」と言ってくれたことを信じてがんばろうと思った。

そのときに「女で失敗することがないように気をつけよう」と胸に刻んでおけば、その後の私の運は変わっていたかもしれない。しかし、高校を卒業したばかりの青年には、まだそんなことを考える余裕も経験もまったくなかったのだった。

だまされたテスト生

プロ野球選手としての生活は二軍の練習から始まった。テスト入団だし、18歳の新人だし、それは当然だと受け止めていた。

「いまはここでがんばって力をつけて、1日も早く一軍に上がって給料をたくさん稼いで、お母ちゃんに仕送りしよう」

そう思って毎日の練習に励んだ。ところが、来る日も来る日も私はブルペンでピッチャーのボールを受けるだけで、それ以外の練習はさっぱりやらせてもらえない。それは同じテスト生として入団したキャッチャーたちも同じだった。

「こんなことでは、一軍はおろか、二軍の試合すら出られへんやないか」

私たちはそう思って、二軍のキャプテンに相談に行った。

「テスト生のキャッチャーは毎日毎日ブルペンばかりで、まともに練習をさせてもらえませんが、いったいいつまでこんなことが続くんでしょうか」

「う〜ん、それはなあ……。実は、おまえたちテスト生のキャッチャーは『壁』として雇われたんだ」

壁、つまり、ブルペンキャッチャーである。戦力としてではなく、ピッチング練習要員として入団を許されたのだった。テストに合格した7人のうち4人もキャッチャーというのはそういう意味だった。

そういえば、テストには同じ京都でも平安や立命館といった京都市内の強豪校のキャッチャーも受験していたのに、彼らは不合格。京都の田舎出身の私と一緒に合格した連中を見ると、やはり和歌山や奈良の田舎の高校の選手ばかりだった。どうやら「京都の名門校の選手は、壁なんかやらせたらすぐにやめてしまうから田舎の子を使おう」ということだったようだ。

「冗談やない。ブルペンキャッチャーなんかするために大阪に出てきたわけやないぞ」

そう思ったが、このまま田舎に帰るわけにもいかない。万歳三唱で見送ってくれた人たちに合わせる顔がないし、なによりもここでやめてしまったら、お金をたくさん稼いで母を楽にさせてあげることもできなくなる。

「こうなったら壁だろうが何だろうが、せっかく運よくテストに受かってプロ野球選手になれたんやから、あきらめずにがんばろう。大丈夫、俺は仕事運がいいんや。一生懸命に努力していれば、運が味方してくれる日がきっと来るにちがいない」

そう信じてがんばることにした。入団が決まったとき、曲がりなりにも契約書にサインはしている。簡単な書面だったが、「ブルペンキャッチャー専任」などという文字はどこにもなかった。私は選手として南海ホークスと契約している。そうである以上、「こいつは試合で使える」と認めてもらえる選手になれば、ブルペン生活から抜け出して、バッターボックスやキャッチャーのポジションにつける日も来るはずだ。

やがて入団1年目の6月に入ると、一軍に呼ばれた。しかし、それもブルペンキャッチャー要員だった。たまに消化試合のときや一軍のキャッチャーに何かアクシデントがあったときに試合に出ることはあったが、キャッチャーとして認められたわけでも戦力として必要とされたわけでもなかった。

「9試合出場　11打数　0安打　5三振」

それが入団1年目の成績だった。シーズン終了後、球団事務所に呼び出された私は、担当の課長にこう言われた。

「残念ながら来シーズンは君と契約はできない」

いきなり1年目でクビを言い渡されて、「はいそうですか」と引き下がるわけにはいかない。納得いくまでがんばってからならばあきらめもつくが、さあこれからが勝負だと思っている矢先に引き下がってなどいられない。

「まだ、ろくに野球をやらせてもらっていないのに1年でクビなんてあんまりです」

「私たちもプロだ。日ごろの君を1年間も見ていれば、ものになるかどうかはわかる。君はまだ若いんだから、早く別の道を探したほうがいい」

「別の道といっても、新卒なら就職先はあったかもしれませんが、いまさら雇ってくれるところなどありません。球団が私にどこか就職先の世話をしてくれるんですか?」

「自分で探しなさい」

「冗談じゃありません。そんなことを言われるなら、私は帰りに南海電車に飛び込んで死にます」

「君、冗談でもそんな物騒なことを言うもんじゃないよ」

「私は本気です」

それは、あながち嘘ではなかった。私は入団テストに合格したとき、母とこういう約束をしていた。

「南海ホークスに受かったから、大阪に行かせてください」

「そんな不安定なとこじゃなくて、もっと地道な仕事に就きなさい」

「3年間だけやらせてください。それでダメだったら帰ってきます」

私のもう1つの夢は、高校野球の監督になることだった。母校峰山高校の野球部の監督になって、後輩たちを甲子園に連れていきたいと思っていた。

もし南海で3年間、一生懸命やって芽が出なかったらプロ野球はあきらめよう。プロの世界で野球を勉強してきたことを生かして高校野球の指導者として野球に打ち込もう。そのためにも3年間は必死に野球に取り組もう。そう思って大阪に出てきたのだ。

だからこそ、たった1年でクビになるわけにはいかなかった。私は担当課長に必死で食い下がった。

「せめて、あと1年やらせてください。もう1年、死ぬ気でがんばります。それでダメだったら、来年のこの席では『南海電車に飛び込む』などとは言わずに潔く田舎に帰りますから」

「そこまで言う選手は初めてだよ。私は毎年この時期、こうして選手に宣告する仕事をしているけど、みんな素直に頭を下げて『お世話になりました』と言って帰っていくよ」

「私はそういうわけにいかないんです。何とか1年だけ、やらせてください」

粘った甲斐があって、担当課長は上司に掛け合ってくれた。私は危うくクビを免れ、もう1年、ユニフォームを着させてもらうことになった。

もし、このとき、この担当課長が「君1人だけのわがままを聞くわけにはいかない。潔くあきらめて帰りなさい」と、あくまでも突っぱねたら、私のプロ野球人生は、ここで終わっていただろう。

「おまえみたいなヤツは初めてだ」と呆れ返ったように言いながらも、1年の猶予を与えてくれた課長のおかげで、私はチャンスをもらえたのだ。これもまた1つの運であろう。

そして、私はこのとき、自分が崖っぷちに立たされていることを強烈に自覚した。「ああ、クビにならなくてよかった」などとホッとしている暇は少しもなかった。いまこのときから、文字どおり死ぬ気でがんばらなければ、今度こそ放り出されてしまう。

かりにも1年間、プロの世界を肌で感じてみて、「これは、とんでもない世界に来てしまった」と実感した。プロ野球選手の心技体と投走攻守の実力と素質は恐ろしくレベルが高い。自分のような凡人が、ただふつうにやっていたら、とても太刀打ちできる世界ではない。

さあ、俺はこれからどうやって生き残るか。それを必死に考え、人の何倍も努力しなければ絶対に通用しない。このとき、そう気づかせてもらったのは運がよかった。この世界で生きていくためには、体を使い、頭を使い、技を身につけ、この身のすべてをかけて戦っていかなければいけない。19歳の晩秋にして、改めてそう心に刻むことができたのは好運であった。

運を呼ぶ努力

プロ野球は実力の世界だ。実力がなければ生き残れないし、実力がなければ勝てない。しかし、同じ実力があっても生き残れる人と生き残れない人がいて、同じ実力があっても勝つ人と負ける人がいる。

勝負の世界だから、どちらかが勝って、どちらかが負けるのは当たり前だが、そこには常に偶然と必然が絡み合っている。

その結果が偶然だったのか、あるいは必然だったのか。それは、勝負をしているときにはわからなくても、あとでよく考えればわかることもある。

どの世界にも「同じような努力をしているのに、なぜかいい結果が出る人と、いい結果が出ない人がいるのはどうしてだろう」ということがあるはずだ。

野球にもそういう例がたくさんあるが、その理由をよく検証してみると、「正しい努力かどうか」が結果を分けていることが多い。

つまり、努力にも「正しい努力」と「正しくない努力」があって、正しい努力こそが、いい結果を生む。そして、そこには往々にして、「正しい努力をしているからこそ好運につながった」ということがある。

たとえば、私が南海に入団して2年目のシーズンは、努力の正しい方向性ということに気づかされた1年だった。正しい努力こそが次のチャンスにつながるということを実感したシーズンだった。

プロ2年目のシーズンを迎えたとき、二軍監督が私にこう言った。

「おまえの肩ではプロのキャッチャーは難しい。バッティングは力がありそうだからファーストをやってみろ」

私にすれば、不本意な指示だった。「南海ならキャッチャーでレギュラーになれるんじゃないか」と思って選んだ球団でファーストなんかやらされても先が見えない。南海の一軍のファーストには、いいバッターがいるし、キャッチャーよりもチャンスが増えるとは思えなかった。

しかし、二軍監督がそう言っているのだから、キャッチャーに固執して試合に出してもらえなくなるよりも、ファーストだろうが外野だろうが、とにかく試合に出て結果を出すことが重要なのだ。入団2年目も二軍のベンチを温め続けていたら、今度はまちがいなくクビになってしまう。

とにかく「この1年は必死でやろう」と覚悟を決めていたから、だれよりも努力はしているつもりだった。

「グラウンドの練習は全員同じようにやっているから差がつかない。問題は全体練習終了後、次の日の練習や試合までの間にどれだけ自分で練習するかだ」

そう思って素振りひとつにしても、だれよりもたくさんやった。豆だらけになった私の手を二軍監督が見つけて、みんなの前で褒めてくれた。それが励みになって、またバットを振った。その甲斐もあって、徐々に試合で結果が出るようになった。

このころ、キャッチボールをしていた相手にこう言われた。

「野村のボールは回転が悪い。だから力がないボールしか投げられないんだ。投げ方が悪いんだよ、おまえは」

このひと言をきっかけに、私は送球の猛練習を始めた。肩が強くないのに投げ方まで悪かったら、キャッチャーなどやらせてもらえるわけがない。私はキャッチャーに復帰するためのトレーニングとして、ファーストにコンバートされている間に送球フォームの徹底的な矯正に努めた。

そして、二軍のシーズンも終盤になったころ、二軍監督に直訴した。

「キャッチャーに戻してください」

二軍監督は、練習で私にキャッチャーをやらせてテストをしてくれた。

「ほう。いいボールを投げるようになっとるやないか。よしわかった。明日からキャッチャーをやってみろ」

こうして、私は再び南海の一軍のレギュラーキャッチャーを目指す努力ができる場所に立つことができた。

これは「キャッチャーは無理だからファーストをやれ」という承服しがたい指示を二軍監督が出してくれたからこそ、辿り着けたことだ。キャッチャーを外されていたからこそ、「この機会にスローイングを鍛えよう」と思うことができたのだ。

もしキャッチャーを続けたままだったら、こういうフォームの矯正には取り組めていなかった。キャッチャーとして送球をしなければいけない日々のままでは、投げ方を直している余裕などなかっただろう。幸いにしてファーストというスローイングの重要性が比較的低いポジションにいたおかげで、矯正に励むことができたのだ。

そのうえ、「おまえのバッティングを生かしてみろ」というアドバイスをしてくれた二軍監督がいたからこそ、打席に立つチャンスも増え、少しずつプロのバッターとして成長することもできたのだ。

結果的に、このプロ2年目のシーズンは、私の野球人生にとって大きな収穫であり、大事な分岐点だったと、いまにして思う。

一度は私のキャッチャーとしての資質を見限ってコンバートを命じ、バッティングの素質と努力に目をつけてくれた二軍監督との出会いがあったからこそ、その後の私があったのだ。これもまた1つの運であろう。

そして、この二軍監督が、選手の努力や能力をちゃんと見る目を持っていたということに対して、いまさらながらありがたいと思う。このあと、私がプロ3年目に大きなチャンスに巡り合い、それをつかむきっかけを与えてくれたのも、実はこの人だったのだ。

そして、なにはともあれ、私は2年でクビになることもなく、3年目のシーズンを迎えることができたのだった。

運命のハワイキャンプ

一生懸命にがんばっていれば、かならず、だれかがそれを見てくれている。

私の野球人生は、いつもそう思わされることの連続だった。野球にかぎらず、どんな道でも、その人を導いてくれる人がいる。

どんな道であっても、成功するためには努力と実力がなければ辿り着けないが、そのチャンスを与えてくれる人がいたからこそ成功することができる。そういう人との巡り合いこそが運と呼ばれるものなのではないか。

私が南海ホークスに入団した2年目のシーズン、南海はリーグ優勝をした。そのご褒美もあって、翌年の春のキャンプはハワイで行うことになった。まだ海外旅行が自由化される前のこと、ハワイもアメリカも遠い夢の国だった時代の話である。

このハワイキャンプに二軍からキャッチャーを1人帯同させることになった。てっきり先輩のだれかが選ばれるものだと思っていたら、入団3年目でいちばん下っ端の私が指名された。どうやら、二軍監督が私を推薦してくれたようだった。

私は自分では必死にがんばっているつもりだったが、それはクビになりたくないからだし、なんとかしてたくさん給料を稼いで母を楽にしてあげたい一心でやっていただけだった。1人で練習するにしても、人知れずやっているつもりだったし、がんばっている自分の姿をアピールしようと思ったことなど一度もなかった。

しかし、入団してまだ2年目の私などより経験も実力も上の先輩たちを差し置いて私が選ばれるというのは、私の日ごろの努力を二軍監督がよく見ていてくれたからだった。

「まじめにやっていれば、見てくれる人は、ちゃんと見てくれるものなんだな。ありがたいことだ」

私は素直にそう感謝した。

人間とは、周囲の評価によって、その存在価値が決まる。

私は常々そう言ってきたが、その最初の経験がこのときの二軍監督の私への評価だった。努力が評価されたことによって、チャンスが与えられ、それが次のチャンスにつながっていく。私は、この春のキャンプを挟んだ一連の出来事の中で、それを強く実感した。いまにして思えば、このプロ3年目の春は、私の運命の春だったと言えるかもしれない。

二軍のキャッチャーが一軍のハワイキャンプに帯同するということ自体は、まだ選手として大抜擢というわけではない。この時代、まだプロ野球は、いまのようにマネージャーが何人もいたり、用具係がいたりということはなかった。私の役目は、ブルペンキャッチャー兼マネージャーのアシスタント兼用具係というところだった。

一応、一軍のレギュラー選手と同じユニフォームを着て一緒に練習をするのだから「100%雑用係」というわけではないが、そういう仕事もふんだんにあった。レギュラー選手たちにとっては、ハワイキャンプという名のあこがれのハワイ旅行という側面もあったかもしれないが、私にはそんな時間も余裕もなかった。

練習が終わると、選手たちはみんな街へ観光に出かけていったが、私にはまだ仕事がたくさんある。グラウンドの後片付けや用具の手入れ、明日の練習の準備などをすませて宿の部屋に戻ったころには、もうだれもいない。素振りぐらいしかやることがないから、1人で黙々とバットを振り続け、残った時間は休養と睡眠にあてた。

そもそも、一軍の選手は昨シーズン、がんばって優勝をしたからハワイに来ることができたのだ。昨シーズン、私はずっと二軍暮らしをしていて、一度も一軍の試合に出ていない。そんな私が一軍の選手と一緒にアロハシャツを着てハワイの街を楽しげに歩きたいなどと思うのは勘違いも甚だしい。一軍に帯同させてもらって、いい勉強をさせてもらえるだけでもありがたいのだから、野球のことだけを考えてキャンプを送ろうと思っていた。

キャンプも後半になると、地元ハワイのチームとのオープン戦が始まった。ある日、レギュラーキャッチャーの松井淳さんが肩を痛めて試合に出られなくなった。2番手のキャッチャーが代わりに出場するものだと思っていたら、試合前にベンチで鶴岡一人監督にお説教を食らっていた。前の晩、観光気分で飲みすぎたようだった。

「こうなったら、野村。おまえ、行け！」

突然、私にチャンスが巡ってきた。運がいいことに、その日の対戦相手のピッチャーは、日本の二軍並みだった。私にとっては、ちょうど打ちごろのボールばかりで、おもしろいようにヒットを連発した。

そのチャンスをものにしたことで、次のオープン戦からは、ずっとスタメンでマスクを被らせてもらった。まさか一軍の試合で先発出場を続けることができるとは思ってもみないことだったので、ハワイに送り出してくれた二軍監督と使ってくれた鶴岡監督に感謝した。

キャンプが終わって帰国すると、さらにうれしいことがあった。鶴岡監督が記者会見でこう言ったのだ。

「このハワイキャンプは、大失敗だった。選手たちは、すっかり観光気分で実りがなかった。唯一の収穫は、野村が使えるメドが立ったことだ」

私はそれまで、たった一度も鶴岡監督に褒められたことはなかった。その監督がそんなコメントをしてくれたのがうれしくて、私はその日のスポーツ新聞を全紙、買い込んだほどだった。

「もしかしたら、今年は一軍に上がれるんやないか」

そんな期待と少しの自信を抱いた。

それにしても、偶然のチャンスだった。あの試合でレギュラーの松井さんが肩を痛めなかったら、こういうことは起こらなかった。2番手のキャッチャーが夜遊びなどしなかったら、私にチャンスが回ってくることはなかった。そういう偶然が重なって、私に出番が回ってきたのだ。

そして、このシーズンの公式戦が始まった。南海ホークスの開幕戦でマスクを被ったのは私だった。私はこの年からレギュラーキャッチャーとして試合に出続けることになった。

「3年間がんばって、ダメだったら田舎に帰ろう」

そう思って南海に入ったら、1年でクビになりかけて命拾いして、なんとか3年目でレギュラーになることができた。

結局、それ以来、私は25年間、一軍のキャッチャーとして試合に出ることができた。それもこれも、いまここに書いてきたように、入団3年目の春、偶然に次々と訪れたチャンスをつかむことができたおかげだ。それが、すべての始まりだった。私はここで運をものにしたと言ってもいいだろう。

もし、二軍監督が私をハワイに行かせてくれなかったら、私はもうしばらく二軍で暮らしていたはずだ。雑用係兼任とはいえ、一軍と一緒にハワイにいたからこそ、急遽、出番が回ってきたのだ。

もし、松井さんが肩の痛みを我慢して試合に出る人だったら、開幕戦は例年通り松井さんがマスクを被っていただろう。あるいは、肩を痛めないためのケアや備えが十分な人だったら、もうしばらくレギュラーでいられたはずだ。

もし、2番手キャッチャーが、「松井さんが出られないときのために、いつでも出られる準備をしておこう」という人だったら、彼が私より先に松井さんからレギュラーの座を奪っていただろう。松井さんのアクシデントによってチャンスが巡ってくるのは、彼のほうが私よりも先だったはずだ。そのチャンスを棒に振ったのは、彼自身なのだ。

つまり、あの春、レギュラーの座を奪われた人と、チャンスをつかめなかった人と、チャンスをつかんだ人の差は、実力ではなく、準備ができているかどうかの差だったのだ。

そのプロセスがどうだったかで、結果が変わる。その努力が正しいものだったかどうかで、チャンスをつかむか逃すかが分かれるのだ。

この3人のキャッチャーの中で実力も経験もいちばん乏しいはずの私がレギュラーになったのは、たまたま巡ってきたチャンスをものにしたからだ。いちばん下手くそな私が運よくレギュラーになれたのは、そこに至るまでの小さな準備の積み重ねだったと言えるだろう。

良い師と出会えた運

思いがけず巡ってきたチャンスをつかんだ入団3年目のシーズン、私はレギュラーキャッチャーとして1年間フル出場することができた。

私が抜擢されたのは、ハワイキャンプで鶴岡監督の目に留まったことがきっかけではあったが、このシーズン中、鶴岡監督に褒められたことは一度もない。いつも叱られてばかりだった。とくに味方のピッチャーが打たれて点を取られるたびに、キャッチャーの私が怒られた。

「なんで、あのバッターとストレート勝負なんかしたんや」

「すみませんでした」

私は監督の叱責を胸に刻み、同じ失敗を繰り返さないように反省し、対策を考えた。次に同じような場面が来たときは、変化球で勝負した。それで打たれてベンチに戻ると、また怒鳴られた。

「なんで、あのバッターにカーブなんかで勝負したんや」

「すみませんでした」

そんなことが続いたある日、私は思い余って鶴岡監督に質問をした。

「監督。それでは、さっきのようなケースでは、どういう配球で勝負するべきだったのでしょうか?」

「自分で勉強せい」

なるほど、そういうことかと思った。自分で考えて、自分で答えを見つけて、結果を出すこと。それがプロなのだ。

当時のプロ野球界には、結果論と精神主義が横行していたが、鶴岡親分と呼ばれている人の野球にも、そういう部分があった。親分肌で情に厚い勝負師で、西鉄の三原修監督、巨人の水原茂監督と並び称される「日本の三大監督」の1人だったが、「知将三原」に対して「鶴岡親分」は、小賢しいことがきらいな監督だった。私は毎日ベンチにノートを持ち込んで気がついたことをメモするようにしていたが、鶴岡監督から野球理論について教わったことは1行も書いたことがなかった。

そのおかげで、私は自分で考えて自分で答えを見つけ出して結果を出すための訓練を日々、積み重ねることができた。

「教えないコーチが名コーチ」

メジャーリーグには、そういう格言がある。何でも手とり足とり教えても選手の身につかない。自分で答えを見つけられる選手にするためには、あれこれ口で言うのではなく、黙って見守ることが大切なのだ。

まさに鶴岡監督は、名コーチだった。私は長年、鶴岡監督の下で野球をしたことによって、プロとして必要な力を自分で身につけようと努力することができた。つまり、鶴岡監督は、私が自分で自分を成長させるチャンスを与えてくれた人なのである。

その後、私が「考える野球」を標榜し、「理をもって戦う」ということを掲げて生きてきたのは、このときの経験があったからだと思っている。いつも懇切丁寧に噛み砕いて教えてくれる監督やコーチの下で野球をしていたら、「野村ノート」も「ＩＤ野球」もなかったはずだ。

あの日の鶴岡親分の怒声と「自分で勉強せい」という言葉がなければ、私のいまはないだろう。私は、鶴岡監督のおかげで、その後の野球人生を切り開いていくための力をつけていくことができた。鶴岡監督の下で野球をすることでプロの厳しさを日々、実感することができた。

人間の運の中で、出会いというのは大きな要素だ。とりわけ、どういう指導者と出会うか、どんな上司と巡り合うかというのは、その人の運に大きくかかわってくる。私にとって最初に出会ったプロ野球の監督が鶴岡一人さんだったことは、とても幸運だったと思っている。

慢心が招く落とし穴

「129試合出場　357打数　90安打　打率2割5分2厘　ホームラン7本　打点54」

それが、一軍のレギュラーとして初めてフル出場したシーズンの私の打撃成績だった。

「キャッチャーとして怒られてばかりなのに、そのうえこんなバッティングじゃレギュラーに定着できないぞ。二軍監督が『野村は、むしろバッティングで飯が食える選手になれるかもしれんぞ』と言っていたぐらいだから、もっとバッティングも磨いていこう」

そう思って、さらにバッティング練習に励んだ。そのおかげで、次の年、入団4年目にはホームラン王のタイトルを獲ることができた。ホームラン30本、打率3割2厘、打点94。

「これで俺も、なんとかプロでやっていけるんやないか」

そう思える数字ではあった。ホームランのタイトル以上に一流選手の目安とされる「3割バッター」になれたことがうれしかった。

しかし、少し自分に自信を持ちかけた翌年、成績はガクンと下がった。ホームラン21本、打率2割5分3厘。その翌年もホームラン21本、打率は2割6分3厘。タイトルホルダーとしては、まったく物足りない成績だった。

その原因は、いくつかあった。まず、3割を打ったことで、「これでいける」と思い、努力の手を抜いたつもりはないものの、やはり心のどこかに緩みはあった。

「3割30本でホームラン王」という成績に見合う給料をもらった22歳の若者が何をするか。もちろん、母を楽にさせたいというのが悲願であったから、しっかり母にも手渡した。それでもまだ手元には遊ぶ金があった。食べて飲んで、美しい女性がいる店に出かけていけるだけの小遣いはある。そういう楽しみを覚えてしまった田舎の青年が、それを自ら禁じるのは簡単なことではなかった。

それでも、相変わらず毎晩、素振りを繰り返すことは怠らなかった。努力だけでここまで来た自分が、努力をやめてしまったら生きていけないということまで忘れてしまったわけではない。

ただ、試合から帰ってきて、夜、素振りをしていると、バットスイングに打ち込んでいるつもりが、つい夜の街のことが頭にチラついてくる。それを振り払ってはバットを振り、また浮かんできては振り払うということの繰り返しで、どうも身が入らない。その結果が、

2年連続の打撃不振につながっていないとは言いきれなかった。

「いかん、いかん。このままでは下降線だ。いつまでも浮かれて遊んでいたらダメになってしまう。よし気を引き締め直して野球に打ち込もう」

そう危機感を持った。

打てなくなった原因は他にもあった。各球団のピッチャーの私に対するマークがきつくなったことだ。考えてみれば、これは、プロ野球界では当たり前のことだった。試合に出るようになって1~2年目の選手は、どんな特徴があるのか知られていないし、たいした対策もとってこない。

ところが、年数を重ねて対戦が増えてくると、相手の長所短所や得意不得意がわかるようになってくる。ましてやホームラン王のタイトルを獲ったバッターともなれば、相手のバッテリーの警戒が強まるのは当然のことだ。

そんなことが、まだポッと出の私にはわかっていなかった。

「去年、あれだけ面白いように打てるようになったのだから今年も打てるだろう」

そんなふうに思っていた。去年と同じように練習していれば、同じ結果が出るものだとばかり思っていた。

「このピッチャーからは去年、あれだけ打てたのだから、今年もまた打てるだろう」

しかし、相手だってプロである。そんなにいつまでも同じようにやられてばかりいるわけがない。

「野村を抑えるためにはどうするか」

そう考え、工夫し、しっかりマークしてくるのだから、今度はこちらがやられる番になる。そんなことにも気づかずに、同じような気持ちで同じことをしていたら打てなくなるのは当然だった。

切磋琢磨、勝ったり負けたり、打ったり打たれたり。そこには、研究したりされたりということも加わるし、「やられたらやり返す」という戦いの原点もある。プロとして生き残っていくためには、一度や二度うまくいったぐらいで「これで俺もやっていける」などと甘く考えていてはいけないのだ。

一度つかんだチャンスを逃さないためには、同じ努力を繰り返しているだけでは足りないのだと、このとき私は初めて気づいた。

今回は何とかうまくいったけれど、次は相手も引き締めてかかってくるのだから、こちらはさらに引き締めていかなければいけない。まさに、勝って兜の緒を締めよとは、このことなのだ。

実は、私には、その点で昔から甘いところがあった。そのシーズンでいい結果を出すと、そこで少しホッとしたり、どうしても気が緩んでしまったりすることがあった。そういうところが王貞治に及ばないから、ホームラン通算記録でも、私は王に及ばない。王はいい意味で貪欲であり、満足ということを知らない。常に「もっと、もっと」と結果を求め、そのための努力を心技体ともに怠らない。それはイチローもまったく同じだ。

タイトルを獲ろうが優勝しようが、そこでホッとしたり緩んだりしているようでは、成長が止まってしまう。負けたときや失敗したときに歯を食いしばってがんばるのは、実はそう難しいことではない。大事なのは、勝ったときや成功したときに、さらにその上を目指すことができるかどうか。それがその先の成長を決めるのだ。

そういう私の甘さは、監督になっても時々、つい顔をのぞかせることがあった。優勝したシーズンの翌年のキャンプで、チーム全体に少しホッとした空気が流れているのを感じたら、そこで厳しく兜の緒を締めるのが名将と呼ばれる人たちの常道である。ところが、私はどうも甘いところがある。

「去年、あれだけ倒れるほど必死にやって、なんとか勝ってくれたのだから、いまはゴチャゴチャ言わないで見守っていよう。勝負はまだ先だ。時期が来たら、またしっかり引き締めていこう」

そんなふうに思ってしまうことがある。手ぬるいというか、お人好しというか、そこが巨人9連覇の川上哲治監督や西武で優勝を重ねた森祇晶監督と私の大きな差だ。

優勝は易し、されど連覇は難し。

私はヤクルトの監督を務めていたとき、よくそう口にした。

しかし、それは、実は、まず私自身の人間的な弱さや甘さを自ら戒めるために言っていた言葉でもあったのだ。

不器用だからこそ運をつかめる

私は自他ともに認める不器用な人間だ。

たとえば、バッターとしては、来た球に瞬時に反応して打てる長嶋茂雄とは正反対。そういう反射神経がまったくないから、どんな球が来るかを予測したり想定したりして打たなければ、太刀打ちできない。

現役時代は、長嶋のそういう天才的なプレーを見て、心からうらやましいと思った。自分にもそういう才能があったらどんなに楽しいだろうと思っていた。

しかし、いまにして思えば、そういう不器用な人間だったのは、つくづく運がよかったと思う。来た球に咄嗟に反応して打ち返せる能力がなかったからこそ、「じゃあ、俺は打つためにどうするか」を考えるしかなかった。

「このピッチャーは、こういう場面でどういうボールを投げてくるのか」という傾向と対策を観察と研究によって割り出す。そういう努力を日々重ねることによって、才能に劣る私がプロのバッターとして生きていくことができた。現役引退後は、そこで身につけたことが解説者としての仕事に生かされ、選手への指導に生かされ、さらには、こうした本を書くときに生かすことにつながった。それは、すべて私が不器用な人間だったからこそである。

入団4年目に初めて3割を打ってホームラン王のタイトルを獲ったあと、翌年、翌々年に低迷してしまったのは、ひと言で言えば、変化球への適応能力が乏しいことが原因だった。もっと簡単に言えば、カーブがまったく打てないことだった。

「野村はストレートはよく打つけど、カーブには、からっきし弱い」

それを各球団のバッテリーだけでなく、スタンドのファンでさえ知っていた。

「野村、カーブが来るぞ！　ほら来た。また三振！」

そんなヤジが飛んできた。

ホームラン王を獲ったシーズンには、まだ私のそういう弱点が露呈する前だったから打つことができた。しかし、各球団のマークがきつくなってくると、徹底的に弱点を突かれて打てなくなってしまったのだ。

いわゆるヤマを張っていればカーブは打てる。あらかじめカーブを狙っておけば打つことはできる。しかし、カーブを狙っていたのにストレートが来たり、ストレートを狙っていたのにカーブが来たりすると、もうダメだった。ノーマークの選手だったころと違って、警戒されるバッターは裏をかかれることが増えてくるのだ。

ヤマを張って打つバッターは当時、「ヤマ張り」と蔑まれているところがあった。やはり、どんな球にも対応できる長嶋のようなバッターが最上級だという価値観が主流だった。

しかし、私のように瞬間的な対応能力が低い人間は、そんなことは言っていられない。だったら、同じヤマを張るにしても、単なる当てずっぽうやヤマカンではなく、配球をよく読んだ上で狙い球を絞ろう。つまり、根拠のある予測ができれば、それは「ヤマ」ではなく「読み」になる。

「よし、こうなったら、根拠のある読みを可能にするための研究をしよう。各チームのピッチャーの情報や資料を集めて徹底的に研究してみよう」

そう思い立った私には、幸運にも強力な援軍がそばにいた。南海のスコアラー尾張久次さんである。当時のプロ野球にはデータという言葉もなければ、スコアラーという職種もなかった。尾張さんは野球経験者ではないが、12球団で唯一、スコアラーとして南海に雇われている人だった。毎年、シーズンオフの契約更改のときに選手を査定するための資料作りを鶴岡監督に依頼されていたのだ。

遠征に出ていたある晩のこと、暇を持て余して、たまたま尾張さんの部屋を訪ねたのがきっかけだった。いつもどんなことを書いているのか興味を持って見せてもらうと、選手の成績や試合の展開が細かく書き込まれてあった。その打撃成績表にはボールカウントなども書き込まれていた。

「尾張さん。これ、キャッチャーのリードにも生かせるし、相手ピッチャーの配球の傾向を知るためにも生かせるんじゃないですか?」

私はそのとき、ピンときた。

「ためしに明日の試合から、相手ピッチャーが俺に投げてくる球種とコースを書き記してもらえませんか?」

「うん。それはおもしろそうだね。やってみよう」

それが、私とデータの長い付き合いの始まりだった。のちの私の三冠王も、野村ノートもID野球も、すべてはそこから始まっている。

それから毎試合、尾張さんがつけてくれたデータをもらって分析してみると、真っ先にわかったことがあった。ボールカウントによって、はっきりと配球の傾向が出ていた。

「2ボール、ノーストライクまたは3ボール1ストライクのときは100%インコースは投げてこない」

相手ピッチャーが私に対してもっとも警戒しているのはホームランだ。そういうバッターに対して、ピッチャーが不利なカウントになったときにインコースに投げて甘い球になってしまったら餌食になってしまう。そういうカウントのとき、ホームランを避けるためには100%アウトコースに来る。だったら、こっちは、アウトコースを狙い打ちにすればいい。

そういうことがデータを研究していけばいくほど、明らかになっていった。その傾向と対策を頭に入れておけば、相手ピッチャーの配球を読み当てる確率は格段に上がる。

「よし、俺は日本一のヤマ張りバッターになってやる。配球を読むことにかけてはだれにも負けない選手になってやる」

野球は確率のスポーツである。どちらがどれだけ成功する確率が高い作戦を選んで実行できるかの勝負である。その確率はデータの集積と分析によって、どれだけ精度の高いものにできているかで決まる。

傾向と対策がピシャリと当てはまって成功すれば、不器用な人間が器用な人間に勝つことができる。弱者が強者を倒すこともできる。私の野球人生は、そういう戦いの連続だった。選手としての才能が乏しい自分が才能豊かな相手に挑むこと。戦力の乏しいチームを率いて戦力豊富なチームと戦うこと。そういう境遇は一見「恵まれない人生」かもしれないが、実は逆だ。持たざる者だからこそ考え、工夫し、努力を重ねなければいけない。そしてそれは不運なことではなく運がいいことなのだ。

才能や戦力に恵まれて何も考えなくても勝ったり、うまくできたりする人には必要のない努力をすることによって、恵まれた人たちにはけっして身につかない力を身につけることができる。不器用だったり才能に恵まれなかったりしたおかげで結果的に得られるものがあった。これは実に運のいいことだったと私は思っている。

一冊の本が野球人生を変えた

相手ピッチャーが次にどういうボールを投げてくるか。根拠のある予測によって、それを読むことができるようになりたい。

私はそう思って、情報収集とデータ分析に取り組んだ。その結果、ピッチャーによって、あるいはボールカウントによって、「このピッチャーはこういうケースでは、こういうボールを投げてくる確率が高いから、それを狙って行こう」という傾向と対策が徐々に見えてくるようになった。

ちょうどそのころ、「こんな運が舞い込んでくることがあるんだな」と思うような出来事があった。

ある野球ファンから私のもとに郵便物が届き、その中には『テッド・ウィリアムスの打撃論』と題された冊子が入っていた。それは野球が大好きなお医者さんがアメリカで見つけた本を自分で日本語に訳したものだった。なぜその人が、知り合いでもない私のところにわざわざこんな貴重なものを送ってくれたのかはわからなかったが、とにかくその中身は驚くべきものだった。

メジャーで二度も三冠王を獲得した「野球史上最後の四割バッター」であるテッド・ウィリアムスは、その中でこう書いていた。

「ピッチャーはキャッチャーのサインを見終わって投球動作に入るときは、スピードボールを投げるか変化球を投げるか100%決めている。そこには小さな動作の変化が出てくる。それを見極めればピッチャーが何を投げてくるかわかる。私はピッチャーが次に何を投げてくるか8割ぐらいの確率でわかっていた」

目からウロコとは、このことだった。ピッチャーの「小さな動作の変化」、つまり、ストレートを投げるときと変化球を投げるときの動作の違い。そこには、ピッチャーによってクセが出ているはずだから、それを見極めれば、あらかじめ球種がわかるというわけだ。

いまでこそ、ピッチャーは、そういうクセが出ないための工夫をしているし、それでもクセを見抜くのが得意なバッターやコーチは、それを大事な情報としてインプットして攻略方法にしている。

しかし、当時、日本のプロ野球でそういうことに気づいている人などだれもいなかった。テッド・ウィリアムスという選手はすごい。メジャーリーガーというのはそこまで考えて野球をやっているのかと心から感心した。

そういう視点でピッチャーの投球動作に注目してみると、どのピッチャーもクセが出ているのなんの。クセのないピッチャーのほうが少なかった。球種によってボールの握り方が違うからグローブの中に収めた右手の位置が違うのが見えたり、振りかぶるときの形が変わっていたり、セットポジションのグローブの位置が違っていたり、よく観察すればするほど、球種によって違いが見えた。たしかに、これでは8割ぐらいの確率で球種が予測できても不思議はない。

配球のデータ分析による傾向と対策に加えて、ピッチャーのクセを見抜くことで球種を予測することができるようになってくれば、まさに鬼に金棒。私が変化球を苦手にしていたのは、瞬時の適応能力が鈍いせいであって、事前に「次はカーブが来る」「今度はまっすぐだ」ということが読めれば十分に対応はできる。

そういうことが読み取れるようになってくると、さらに視野が広がり、観察力も磨かれてくる。相手ピッチャーの表情や小さな動作を見て、「俺を怖がっているな」とか「逃げようとしているぞ」「こいつは向こうっ気が強いから向かってくるぞ」ということが手に取るようにわかってくる。

そうなると、野球に対する考え方がさらに深くなり、いろんな角度からピッチャーを見たり、さまざまな視点で相手バッターを見たりできるようになる。つまり、野球全体がよく見え、よくわかるようになってくる。野球がますます楽しくなってくる。野球をやるのが面白くて面白くて、毎日、早くグラウンドに行きたくてしょうがない。

これで打てないはずがない。あの2年間の不振がウソのように打てるようになって、8年連続のホームラン王や「戦後初の三冠王」になることができた。テッド・ウィリアムスのご利益である。

あの日、「テッド・ウィリアムスの打撃論」がなぜ突然、私のところに舞い込んできたのか。それはいまでもよくわからない。運がよかったとしか言いようがないし、奇特なお医者さんもいるものだと感謝するしかない。

ただ、いまにして思えば、こういうことだけは言えるかもしれない。あれは、私が日々熱心に追い求めていた事柄だったからこそ、送り届けられたのかもしれない。あの「打撃論」は私以外のだれかも見ていた可能性は十分にあるはずなのに、私がいち早くそれに飛びついて自分なりに取り入れることができたのは、「なんとかしてピッチャーの球種を予測したい」という強い欲求を毎日毎日、持ち続けていたからではないか。そのための探究心を1日も失うことなく、情報収集と分析をだれよりも貪欲に続けていたからこそ、あの打撃論に辿り着くことができたのではないか。

あのときの私は「根拠のあるヤマ張りは読みになる」ということをずっとテーマにして考えていた。だからこそ、「テッド・ウィリアムスの打撃論」という運をつかむことができたのではないか。もし「根拠のある予測」などということを何も考えない日々を送っていたら、その運には気づかないまま終わっていたかもしれない。

考えること。気づくこと。感じること。それが運につながるのだ。私はいま、改めてそう思っている。

第2章

運を呼ぶ技術

運とツキには理由がある

「てっきり負けると思ったのに、運よく勝った」

そういうことが、たまにある。

「完全に打ち取られたのに、運よくポテンヒットになった」

そういうことも、たしかにある。

しかし、それは本当に運のせいだろうか。そういう結果になったということは、そこに至るまでのプロセスがあったからではないか。その運には、それなりの理由があるのではないか。それをもう一度、ここで洗い直してみたい。

私も長く野球の現場にいて、運よく勝ったり、運よく貴重な得点をもらったりした場面を何度も経験したし、何度も目にしてきた。その場にいただれもが「いやあ、運がよかったなあ」と喜んでいた。

しかし、よくよく考えてみると、これは運などではなく、ちゃんと原因があったのではないかと思う場合がある。あるいは、たしかに運がよかったとは思うけれど、その運を呼び込むプロセスを経ていたからこういう結果につながったのだと思い至る場合がある。あるいはまた、運を引き寄せることができたのは、「その人だからこそ」という根拠があると気づくことがある。

つまり、そういう運の根拠に気づき、原因を見極めることができれば、自ら運を呼び込むことができるようになるはずだ。そういうプロセスがあったからこそ運をつかむことができたとわかっていれば、そのプロセスを繰り返せば、また同じように運が味方して勝つということを再現できるにちがいない。

そういうものの見方をしてみると、運にも理にかなったものがあることがわかる。「理をもって戦う」という私の勝負哲学にも合致する運があることに気づく。そこには、運をつかむ方法とでもいうべきものが見えてくる。

そのための第一歩は、運がいいことが起こったときに、その奥に何があるのかをつぶさに見直すことだ。運よく勝ったり運よく点が入ったりしたときに、そのプロセスを思い起こし、その背景を洗い直し、そういう結果になった原因が浮き彫りになるまで考え抜いてみることだ。

とても運がいいことが起こったとき、「よかった、よかった」と喜んでいるだけでは、運はそれっきりで終わってしまう。なぜそんなラッキーな結果になったのかをとことん考えて分析しておかなければ、その先には何もない。

ところが、多くの人たちは「ああよかった」と結果オーライで終わらせてしまう。それではは運の正体もわからないし、いつまでたっても自ら運を引き寄せることなど絶対にできない。

たとえば、ポテンヒットを打ったときにどう考えるかで、そのバッターの成長は大きく変わる。完全に詰まったのに運よく内野と外野の間にポトリと落ちて逆転のタイムリーヒットになった。そこで大喜びでガッツポーズをしているのか。それとも、なぜそんな打球になってしまったのかを考えているか。その違いが、次からの打席に大きく影響する。

ポテンヒットは多くの場合、打ち取られた当たりか打ち損じ、つまり凡打である。なぜそうなったのかをしっかり反省しなければ、次はただの凡打で終わってしまう。打ち方が悪かったのか、ピッチャーの球威に負けて差し込まれたのか、配球を読み違えたのか、その原因を追及しなければバッターとして成長は望めない。

私は自分自身、ポテンヒットは凡打と見なして反省材料にしていた。次に同じ球が来たときにどう対処するべきかを考えることに精一杯で、とても喜んでいる暇はなかった。その反対に、いい当たりが野手に捕られてしまったときには、「向こうだって7人も8人も守っているんだから、こういうこともあるさ」と意に介さなかった。

大きなチャンスでヒット性の当たりを打ったのにファインプレーでアウトになったときなどは、バッター心理として「くそーっ、運が悪いな」と思いたくもなるところかもしれない。

しかし、狙い球も打ち方も悪くなかったのだから、悔む必要はどこにもない。打ち損じがテキサスヒットになるよりも、よっぽどいいバッティングをしたのだ。不運を嘆いてマイナス思考になるよりも、「こんなこともある。次はきっと打てるさ」といいイメージを持っていたほうが次につながるというものだ。

準備の仕方で運・不運が変わってくる

運にも不運にも、それなりの理由があるということに気がつけば、その対処方法も見えてくる。

たとえば、守備側が二死満塁、一打逆転のピンチを迎えた場面で、ピッチャーがバッターをセカンドゴロに打ち取った。セカンドを守っているのはだれもが認める名二塁手。なんとかピンチを切り抜けたとだれもが思った次の瞬間、ボールがポーンとイレギュラーバウンドして大きく飛び跳ねて二塁手の頭を越えて外野に転がっていった。ランナーが生還して逆転。これが致命傷になってゲームを落としてしまった。

守備側にすれば、なんともアンラッキーなタイムリーヒットで負けて悔しい限り。勝ったほうは、イレギュラーバウンドのおかげで運よく勝ったと喜んでいるにちがいない。

しかし、野球にはよくこういうことが起こるとはいえ、これを単なる運不運で片づけられないことがある。このとき、イレギュラーバウンドしてしまったのは、運悪くボールが大きく跳ねたというだけではなく、なぜそんなことになったのか、それは未然に防げなかったのかということを検証しておく必要がある。

セカンドゴロがイレギュラーするのは、多くの場合、一塁ランナーが二塁に向かう走路がランナーのスパイク跡でデコボコができていて、その窪んだところにゴロがぶつかって不規則なバウンドをするときである。

そういうことにならないように途中で係員などがグラウンド整備をするのだが、試合の終盤にもなると、走路が荒れていても整備が行き届かないことも多い。そこで内野手は、守備範囲内の走路が荒れていないかどうかを確認して、即座に自分のスパイクの底で多少の踏みならしをして、窪みや土の塊がないように修復する。それを見落としたり怠ったりして荒れたままにしておくと、そのせいでイレギュラーバウンドを招くということが少なからずある。

その予防をしないままにしておいて、そのせいでイレギュラーバウンドヒットを許してしまうのは不運とは言えない。それは備えが足りなかったと言うべきなのだ。備えあれば憂いなしなのである。

一方、このイレギュラーバウンドのおかげで勝ったチームは、ただ「運がよかった」と喜んでいるだけではいけない。このプレーを他山の石として学ぶことが必要だ。

「自分が守備についているときはこんなことにならないように、終盤の大事な場面で走路が荒れていたら自分で修復することを忘れないようにしよう」。内野手は、明日はわが身にならないよう、その教訓を改めて胸に刻んでおく。野球とは「裏表」の競技であるから、常にそういう視点が必要なのだ。

　プロ野球は近年、人工芝の球場が多くなったが、野球の原点は土のグラウンドだ。野球は人間のプレーだけでなく、土や芝、雨や風、太陽や雲という自然と向き合って、その変化に対応していかなければいけない。

「風が強くてフライを捕り損ねた」とか「太陽がまぶしくてボールが見えなかった」「雨でボールが滑って悪送球になってしまった」というのは、運不運ではけっしてない。その日の天気やグラウンドの状態を見極めて、それに備えてプレーをすることも大切なことなのだ。

　最近のプロ野球はドーム球場が増えて、こうした自然との共生という感覚が選手たちから失われているように見える。いつでも快適で無風な室内で野球をすることになれきって、いざ屋外の球場で雨や風が強かったり、太陽や高温低温という自然環境の変化に見舞われたりすると、とたんにプレーに影響が出てしまう。ぬくぬくとした恵まれた環境で野球をやることが当たり前だと勘違いしている選手が増えた。試合中、ちょっとでも風雨にさらされると、あからさまにいやな顔をしてプレーをしている選手も見受ける。冗談じゃない。スタンドには、お客さんがたくさんいて、雨だろうが、風だろうが、暑かろうが寒かろうが、熱心に応援してくれているのだ。そのお客さんの前で、恨めしそうな顔で雨空を見上げている選手は、プロ野球選手として失格である。

「天気は悪くグラウンド状態も悪いけれど、それは味方も敵も同じ条件だから文句など言うな」

よくそう言われる。しかし、実はそれだけでは足りない。同じ条件で戦っているはずなのに、そこでは、態度や対応の違いによって、結果が大きく変わってくることがある。こういうとき、天気の悪さに不満をぶつけているような選手は、いいプレーができるはずもない。天気が悪いのはだれのせいでもない。だれを恨んでも仕方がない。試合が続行されているかぎり、それは勝負を決する場所であることには何の違いもないし、言い訳は許されない。

こういう雨の日はどうするか。風が強い日は何に気をつけるか。暑い日や寒い日には何に注意するか。そういうことにしっかり対応するかどうかで「敵も味方も同じ条件」であるはずなのに、結果が変わってくる。雨雲を見上げて不運を嘆いている暇など、勝負の世界にはない。晴れに備え、雨に備え、風を読み、土の声を聞く。それが野球というスポーツの勝者に求められる備えなのだ。

自然の変化にきちんと対応していれば、自然を味方にすることもできる。それもまた1つの運を呼び込む力だと言えるだろう。

結果主義者は運を逃す

勝敗の原因を追究し、ひとつひとつのプレーの成功と失敗の理由を検証する。勝っても負けても、成功しても失敗しても、同じように反省する。それを踏まえて、次の勝負に挑む。勝負とは、毎回、その繰り返しである。

ところが、野球にかぎらず勝敗の結果がはっきり出る世界にいると、負けたときはみんな「よく反省して、次はきっと勝とう」と言うけれど、勝ったときには結果オーライで喜んでいるだけのことが多い。

それでは、今回は運よくたまたま勝ったけれど、次はまた負けてしまうことになる。「なぜ勝ったか」という理由も根拠も曖昧なままでは、いつまでたっても確証というものが得られず、自分たちはいかにして勝負に臨み勝利を得るかというセオリーや方程式が蓄積されない。これでは、いつまでたっても、たまたま勝ったり、たまたま負けたりの繰り返しになってしまう。

そんなことにならないように、勝因と敗因を常に整理し理解していなければいけない。勝っても負けてもかならず検証しておくべきこと、それは、ひと言で言えば「正しいプロセスを経ていたか」ということだ。

よく「プロの世界は結果がすべて」と言われる。たしかにプロの世界は常に結果で評価されるが、その結果に至るまでのプロセスをどれだけ重視するかによって結果が大きく変わってくる。だれしも、どこか目的地に辿り着くためには、かならずその途中の道を歩いていく。その行程で、どの道をどのように歩いて行くかが重要なのだ。

「結果さえ出せばいい」という考え方は、ともすれば「結果オーライ」の山積みになりかねないし、結果論でしかものごとを評価できない思考停止状態に陥ってしまう。それは、本当のプロフェッショナルとは言えない。

結果論であれこれ言うのは簡単なことだ。とくにプロ野球は、1億総評論家と言われるぐらい、負ければファンの人たちがみんな「なぜあんな采配をしたんだ」と監督批判をする。たとえば、ノーアウトランナー三塁や1アウト三塁というケースで無得点に終わると

「なぜスクイズをしなかったんだ」と批判し、ピッチャーを交代させて打たれると「なぜあそこで代えたんだ」と批判し、続投させて打たれれば「なぜあそこで代えないんだ」と批判する。それはプロ野球ファンの特権であり楽しみだから、私がそれに異を唱えるつもりは一切ない。

しかし、プロと名のつく野球人が結果至上主義で結果論でしかものを言えないのは情けないことだ。プロの指導者や評論家であれば、結果が出る前に根拠のある予測ができなければいけないし、それがどういう結果になったとしても、結果論で「良い」「悪い」を断じるのではなく、なぜそういう結果になったのかを正しく分析して伝えなければいけない。

ホームランを打ったから褒めて三振したから批判して、打ち取ったから褒めて打たれたから批判するというのならだれでもできる。そういう結果に至ったのはどこに原因があるのか。なぜこのプレーが生まれたのか。それがわかる人であれば、それを事前に予測して伝えることもできるのだ。そういう観察力や分析力や洞察力がある人ならば、けっして結果論では評価などしない。

そして、ちゃんとそういう目を持っている人と結果論でしかものを言えない人の差は何か。それは「正しいプロセスを経ていたか」ということを常に考え、チェックすることができているかどうかだ。

つまり、プロフェッショナルとは、結果さえ出せばあとはどうでもいいのではなく、正しいプロセスを経て結果を出すべくして出すこと。そして、正しいプロセスを経ても負けたり失敗したりしたときには、同じ失敗を繰り返さないために原因を追究し、よりよい結果を求めて努力と研究を重ね、成長していく人のことである。

結果至上主義に陥って、結果オーライと結果論を繰り返している人ほど、いい結果が出れば「運がよかった」と言い、悪い結果が出れば「運が悪かった」と言いたがる。たしかに勝負の世界には運やツキが勝敗を左右することがあるから、そう言いたくなるかもしれない。

しかし、運のせいにして思考停止してしまっては、何も成長しない。それは毎回サイコロを振っているようなもので、いい目と悪い目がコロコロ変わるだけだ。その間、せいぜい「またいい目が出ますように。また運がいいことが起こりますように」とお祈りしても、どれだけ運が向いてくるのか私にはわからない。

私にわかるのは、結果重視よりもプロセス重視のほうが、根拠のある運に巡り合う可能性があるはずだということだ。

運を呼ぶ見逃し三振

昔から野球の世界で忌み嫌われてきたものの1つが見逃し三振だ。

「同じ三振をするにしても、しっかりバットを振ってこい。見逃し三振だけはするな」

そういう指導者がいる。

「バットを振ってさえいれば、運よく当たって、運よくいいところに落ちるかもしれないし、運よく相手がエラーするかもしれない。せっかくバットを持って立っているのに、手も出さず、ただ見逃してアウトになるなんて、自らそういう運を捨てているようなものじゃないか」

それが見逃し三振絶滅論者の言い分だ。

しかし、私はまったく反対の立場に立って選手を指導してきた。ここでも私は「結果よりもプロセス重視」という観点から、見逃し三振という結果だけで選手を責めたことは一度もない。問題はその内容だ。どういう根拠とプロセスで見逃し三振したのかということが重要なのだ。

三振は見逃しであろうが空振りであろうが、同じ1アウト。どちらがいいも悪いもない。しかし、三振という目の前の結果だけにとらわれるのではなく、そのプロセスはどうだったかが大切だ。そこをちゃんと検証して反省材料にすれば、それがかならず次の打席につながるのだ。

私は選手たちにいつもこう言った。

「同じ見逃し三振でも、その根拠があればけっして結果だけで責めはしない」

もし「このピッチャーは3ボール2ストライクというカウントでは、かなりの確率でフォークボールを投げてくる、それに狙いを定める」ということが正しいデータを基にした判断であり、そう割り切って待っていたのなら、かりにストレートが来て手を出せなくて見逃し三振をしても仕方がない。それは根拠のある見逃し三振だ。だから、私はその選手を責めない。

こういうプロセスを経て、その検証と反省をしていれば、かならずや次からの打席にそれが生きる。どんなにいいバッターであっても、すべての打席でヒットを打つことは不可能だ。大切なことは、同じ凡退でも次につながる凡退かどうかである。

見逃し三振を必要以上に怖がって、見逃し三振だけはしないような打ち方をして当たり損ねの弱い打球を打っても意味がない。かりにそれでエラーやテキサスヒットで出塁したとしても、それは偶然にすぎない。

バッティングの内容は、打ち取られて凡退をしたのと同じなのだから、「見逃し三振よりはいい」などと低レベルの比較をしても成長が望めない。

見逃し三振を避けて当てにいくよりも、根拠のある見逃し三振をしたバッターのほうが、次にはその根拠によって打ち勝つことにつながる。根拠さえあれば、見逃し三振は恐れるに足らずなのだ。それを理解して実践できるようになれば、いままでとは見違えるように打てるようになることがある。

たとえば、山崎武司がそうだった。彼と初めて楽天で同じユニフォームを着ることになったとき、気づいたことが2つあった。1つは、配球や狙い球をあまり考えることもなく、来た球をただ打っているということだった。

それでも、かつて中日の主軸を打っていたころはホームラン王のタイトルを獲ったのだから、その瞬間的な適応能力は長嶋茂雄やイチローに近い天才的なものを持っていたのだろう。

しかし、40歳に近づいて、そういう反射神経だけでは以前と同等以上の成績をあげるのは難しいと思われた。そうであれば、今後は、配球を考えて狙い球を絞って打席に入るべきだということをアドバイスした。

もう1つは、やはり山崎も三振を恐れているということだった。そういう指導者の下でそれを厳しく言われていると、あの暴れん坊のヤマタケでさえ、そう刷り込まれているのだ。そこで私は「根拠のある見逃し三振」の話を彼にした。この話は、1つめの「配球と狙い球」とセットであるから、山崎も納得して実行に移した。彼が楽天で「39歳のホームラン王」として中年の星になったのは、それまで忌み嫌っていた見逃し三振を恐れることがなくなったからである。

「一度はユニフォームを脱ごうと決意したんですが、あそこでやめなくてよかった。楽天に来て野村監督に会えたのは運がよかったと思います」

山崎はそう言っていた。しかし、その運は、山崎自身がつかんだものだ。「考えないで来た球を打つだけ」「見逃し三振は怖い」といういままでの自分を変える勇気があったから、山崎は再びタイトルを手にし、選手生命を延ばすことができたのだ。

言ってみれば、もし山崎というバッターが、見逃し三振を恐れたまま野球をしていたら、山崎自身が言う「運」はつかめなかったかもしれない。「見逃し三振は運を逃す」のではない。根拠のある見逃し三振とは、正しいプロセスによって、次のチャンスで運をつかむことができる三振なのだ。

失敗のとらえ方で運は変わる

失敗と書いて「せいちょう」と読む。私は常々そう言ってきた。

野球とは失敗の連続によるスポーツであり、その失敗を糧に成長していけるかどうかによって、強くもなれば弱くもなる。

見逃し三振は、見方によっては失敗だが、同じ見逃し三振でも次の成功のためのステップにすることもできる。

失敗したときや負けたときというのは、成功したときや勝ったときよりも、謙虚に客観的に反省して、自分のやり方を見直すための材料が多い。つまり、失敗は大きなチャンスなのだ。

あらゆる失敗には、見逃し三振と同じように、次のステップになる材料がいくつもある。それに気づいて成長できるか、それともそのチャンスに気づけずに失敗を失敗のままに終わらせているか、それがその後の大きな差となって現れる。

仕事にせよスポーツにせよ、だれしも成功を望んでやっているのだから、失敗は喜ばしいことではない。とりわけ得意なことに自信を持って取り組んでいる人が不本意な失敗をしたとき、自分の取り組み方を素直に見直して自らを変えるということは、実は、そう簡単ではない。

自分の能力にある程度の自信があって、自分のスタイルにそれなりのプライドを持って取り組んでいる人であれば、いまここで失敗したからといって、あっさり変えられないものだ。

「こんなはずはない。自分はいままでこのやり方でやってこられたんだから、変わる必要はない。今回は失敗したけど、次はきっとうまくいくはずだ」

そう思って、自分のやり方に固執する。失敗を機に自分を見つめ直して変わろうとしない人が、どの世界にもいる。

プロ野球の世界も、そういう選手が少なくない。プロ野球選手というのは、アマチュア時代は特別に優秀な人たちばかりだ。

高校野球や大学野球、社会人野球で「創部以来の天才」とか「九州ナンバーワンのピッチャー」などと言われてきた選手たちだ。何も考えなくてもだれよりもホームランを打ったり、あまり努力をしなくても、ただ投げさえすれば三振が奪えたりしてきた人たちだ。だから、必死に練習したり一生懸命に工夫したりした経験もないまま、何の挫折もなくプロ野球選手になった人も少なくない。

しかし、プロ野球には、全国からそんな選手ばかりが集まってくる。そこで、たいして努力もせずに活躍できる天才は一握りもいない。「プロになってからが本当の勝負」という自覚がない人はすぐに消えてしまう。

たとえば、速球派としてのプライドを持っていたピッチャーが、ストレートにこだわり続けて何度も痛い目にあっている。そこで、投球スタイルを見直したり新しい変化球を身につけたりして自分を変えようとできるか。つまり、失敗を糧に成長できるか、同じ失敗を繰り返してチャンスを失うか。

私はキャッチャーとして監督として、そういう岐路に立たされたピッチャーを数えきれないほど見てきた。

「ストレート勝負には限界があるということに、そろそろ気づいたらどうや？　ピッチャーの生命線はコントロールや。コントロールを磨いて、1つでいいから新しい球種を覚えて、配球を考えたピッチングを身につければ、まだまだ活躍できるぞ」

そういうアドバイスを受け入れて自らを変えた選手が、大きく変貌を遂げて長く活躍した例をいくつ見たことだろう。その反対に、どうしても自分のスタイルを変えられずに活躍の場を失った選手を思うといまでも残念でならない。そういう選手たちのことを思うたびに、失敗から学ぶことの大切さと、自分を変えることの難しさを改めて思い知る。

野球でも他の世界でも、同じような実力や素質を持った人たちが、一方はチャンスをつかんで活躍し、もう一方はチャンスをつかめずに終わってしまうということがある。それを見て、「力は同じだったはずなのに、あの人は運がなかった」というのは、運を天に任せすぎである。

運のせいにする前に、もっとやることがあるはずだ。そういう努力を重ねてこそ、初めてチャンスをつかむことができるのだ。

「勝ち運」に恵まれるピッチャーたちの共通点

長年、野球の世界で生きてきて、運がいい人と運が悪い人をいろいろと目にしてきた。とくにピッチャーは、「勝ち投手」「負け投手」というふうに、毎試合、勝ち負けを背負っているので、野手に比べて運の良し悪しが如実に表れることがある。

私は現役時代にはキャッチャーとしてピッチャーと密接にかかわり、監督としては投手起用や継投策がもっとも難しい仕事だったので、ピッチャーを観察し、リードし、指導するのが常に重要な務めだった。私はユニフォームを着ている間中、最初から最後までピッチャーという人種とどう向き合い、どう導くかに苦心惨憺したと言ってもいい。

ピッチャーのその日の好不調は、チームの勝敗に直結する。言うまでもなく、ピッチャーが打ち込まれれば負けるし、抑えれば勝てる。ところが、野球というのは団体競技であるから、ピッチャー1人の力だけで勝てるものではない。ピッチャー本人の力とチーム全体の力の調和の末に結果が表れる。そこには、運不運が作用することがある。

ピッチャーが好投して1失点に抑えても、味方打線が点を取れなければ0対1で負けてしまう。そうかと思えば、ピッチャーが打ち込まれて5点を失っても、味方が6点以上取り返してくれれば勝ち投手になれる場合もある。

そして、そういうピッチャーの運は、良かったり悪かったりを繰り返し、「きょうはピッチャーが抑えたけど、打線が点を取れなかった」ということや「よく打たれたけれど、打線のおかげで勝った」ということがある。ピッチャーと打線がお互いにカバーしあったり、うまく歯車が合ったりしたチームは勝利を重ねることができるし、その逆になれば結果も反対になる。

そういうピッチャーの運不運という面では、私が数多くのピッチャーと接してきた中で、「このピッチャーは本当に運がいい」と感じさせられた選手が2人いる。1人は私の現役時代に南海でバッテリーを組んだ杉浦忠。もう1人は楽天の監督だったときのピッチャー、田中将大だ。

2人とも完封する力を十分に持っているピッチャーなので、味方が打てない試合でも1対0で勝ち投手になるという日もある。しかし、特筆すべきは、打ち込まれて大量点を取られてしまい、「きょうはダメかな」と思うような試合でも、味方打線が火を噴いて逆転。

結局、勝ち投手になってしまうということがよくあった。

高卒の新人選手として入団してきたマー君は、デビュー戦から3試合続けてノックアウトされた。ところが、なぜかマー君は敗戦投手にならなかった。デビュー4戦目に「きょうダメだったら二軍に落とそう」と思っていたら、ソフトバンクの強力な打線をピシャリと抑えて勝ってしまった。

それからも、マー君が投げると、なぜか打たれても負けない。そういう現象を何度も目にして、私は思わず「マー君　神の子　不思議な子」と口にしたのだ。

その後、私は現場を離れ、マー君はアメリカに行った。ヤンキースでも相変わらず点を取られてもなかなか負けないマー君を見て、私は改めてその理由を考えた。

なぜマー君は不思議なほど負けないのか。なぜこんなに運が強いのか。監督を退いてからの私には、その不思議な勝利の理由を考えるための時間がたくさんあった。これだけ時間があれば、50年前までさかのぼって考えることもできる。すなわち、なぜ杉浦はマー君と同じように負けなかったのか。なぜ杉浦も運を持っていたのか。

すると、2人には、やはり共通する点があった。なぜこの2人が投げた試合は、打たれても運よく勝てるのか。なぜ2人が投げた試合は、打線がよく点を取ってくれるのか。

それは、「チームの気運」という運を2人が呼び込んでいたからだ。

「きょうの試合は杉浦が投げるから絶対に負けない」

「きょうはマー君が投げるから勝てるぞ」

2人とも、そういうムードをチームに与える「真のエース」と呼べる選手だった。だからこそ、彼らが投げる試合は負けなかったのだ。

では、次の項で「気運」が運ぶ「強運」の正体を具体的に検証していこう。

運と信頼はつながっている

マー君は、私が楽天の監督に就任して2年目のシーズンに入団してきた。

新球団の楽天イーグルスは、創設1年目に田尾安志監督が最下位、創設2年目に私が監督に就任して再び最下位。だれが見ても12球団でもっとも戦力の乏しい「寄せ集めの弱小チーム」だった。

そこに高校球界ナンバーワン投手のマー君が入団。世間には「弱い楽天に18歳の救世主がやってきた」という声もあったが、私の目には即戦力とは映らなかった。

ただし、「この子は運を持っているかもしれない」という予感は最初からあった。そもそもマー君がくじ引きで楽天に決まったことに本人と球団に運があった。もしマー君が巨人やソフトバンクのように戦力豊富な球団に入っていたら、1年目でデビューできなかっただろう。

しかし、そのときの楽天には、岩隈久志ぐらいしか先発ローテーションを任せるべきピッチャーがいなかったから、新人のマー君を抜擢するしかなかったのだ。つまり、まず最初にマー君には「登板のチャンス」という運があったのだ。本来は二軍でじっくり育成して、時が来たら一軍に上げるのが本人のためにもいいだろうという見方もあったが、ルーキーに頼らざるを得ないというのがチーム事情だった。

キャンプインしてマー君をブルペンで投げさせてみると、ストレートはまだ物足りなかったが、スライダーは通用するかもしれないと思った。

能力的に見た場合、マー君には「困ったときにはどうするか」というボールを投げきる力があった。私が「原点能力」と呼んでいるアウトコース低めいっぱいにストレートを投げきる能力があった。これがスライダーと並んで生命線になるだろうと思った。

勝負において、自分が相手を追い込んだときは、だれも苦労はしない。問題は自分が追い込まれたときにどうするか。ピッチャーにとって、その危機回避能力を計るバロメーターが原点能力なのだ。

そして、杉浦もこの原点能力は高かった。彼のボールはストレートも変化球も一級品だったが、とりわけ原点能力が高い。だから、杉浦もマー君も、打たれることはあっても、コントロールを乱してフォアボールを連発するようなことがない。それが野手にとっては、信頼できるピッチャーであり、リズムがあって守りやすいピッチャーになる。

エースの条件とは、チームメイトからの信頼が厚いことだ。杉浦とマー君には、その信頼があったからこそ「マー君が投げる試合は負けないぞ」「杉浦が投げる試合は勝つぞ」という気運になっていくのだ。

真のエースとは、投げるボールそのもの以上に、その存在がチームに与える信頼感や安心感を持っているということだ。それは、そのエースが日ごろ、どういう姿勢で野球に取り組み、どれだけチームの勝利に対する思いがあるか。さらに、日ごろの行いがいいか、悪いか。そういうところをチームのみんなはよく見ている。それがエースへの信頼感につながっていくのだ。

「あの人の運がいいのは、日ごろの行いがいいからだ」ということを昔の人はよく言ったものだが、杉浦とマー君を見るかぎり当たっているように思う。それは言い換えれば「プロセスがいいから運を呼び込める」ということであろう。

その反対に運が悪いことが起こったとき、「日ごろの行いが悪いからだ」というのも同じ理由だ。その人の日ごろの行いを周りの人たちはちゃんと見ている。いい行いをしている人は評価され、信頼される。それが援軍となり協力者となり、その人に大きな力を与えてくれるのだ。

杉浦もマー君も野球選手としてだけでなく、人間として周囲に評価される人間であろうと努力している。それが並みの選手と一流選手の差だ。ONという日本球界を代表する2人が、なぜ多くの日本人に愛されているのか。それは野球の成績だけではなく、だれよりも野球に取り組む姿勢が真摯で、みんなに尊敬される人格を備えているからなのだ。

実力があるのに運に恵まれない選手の理由

ピッチャーは、マウンドという山に立っているだけあって、性格的にお山の大将が多い。自信家で、うぬぼれが強い。チームの勝敗を背負って投げ抜くためには、そうでもなければ務まらないとも言えるが、「俺が俺が」というタイプが少なくないのだ。

ところが、杉浦もマー君も、けっしてそうではなかった。杉浦は、心優しく気配りを忘れたことがない男だったし、マー君を初めて見たときには「ピッチャーにしては珍しいほど謙虚な子だな」と思った。

それでいて、2人とも芯が強く、高いプライドを胸に秘めている。これは真のエースに必要な資質である。

エースになれる選手は、言うまでもなくピッチャーとしての素質もトップクラスだ。それでいて、自分に厳しく、だれよりも努力をして、心身を磨いている。だからこそ、チームの選手たちには「マー君はだれよりもがんばっているから、あいつを負けさせるわけにはいかない」「杉浦が投げる試合は絶対に勝とう」という気運が生まれる。

そのムードが選手たちの心に火をつけ、彼らがマウンドに上がる試合はみんながよく守り、よく打つのだ。

杉浦とマー君は、「あいつのためにがんばろう」という雰囲気をチームに与えることができた。チームのみんなにそう思わせる力があった。

つまり、２人の姿勢や存在感には、周囲を巻き込む力がある。それが２人の強運につながっているのだろう。

２人はチームメイトに信頼され、自らもまたみんなを信頼している。そのおかげでチーム内には余計な不安もなく、自信を持って試合に臨める。それがいいプレーにつながる。好守も生まれるし、点を取られてもまた取り返して逆転勝ちをすることができるのだ。

その反対に、いいピッチングをしているのに、なぜか味方打線がなかなか点を取ってくれなくて勝てないというピッチャーもいる。

球威もコントロールも悪くない。球種も揃っている。だから防御率はいいのだが、なぜか勝ち星に恵まれないというピッチャーがたまにいる。

ちょうど杉浦と同じ時期に南海にいたピッチャーの中にも、そういう選手がいた。彼が投げた試合は、なぜか打線がふるわず、好投しても勝てない。翌日の新聞に「貧打線が好投を見殺し」と書かれるパターンだ。

これは何も「あいつが投げるから打たないでおこう」などと野手が思っていたわけではけっしてない。なぜか彼が登板する日は、杉浦のときのような気運にはならない。それが貧打につながっていたのかどうかわからないが、気の毒だし申し訳ないし、私はよくこう言って慰めた。

「おまえは、よう投げたよ。打線が援護できなくて悪かった。次はきっと打って勝つから、またがんばろうや」

彼はけっして悪い男ではなかった。ちょっと変わり者で友だちが多いタイプではなかったが、私とは変人同士、気が合った。ただ、杉浦とは違ってチームの人気者というわけではなかった。

しかし、プロ野球は仲良し集団がよいという世界ではない。仲が良かろうが悪かろうが、お互いにプロとして自分の仕事をしっかりやればそれでいいのだ。

私も人間だから、長年ユニフォームを着ていればウマが合う人間もいれば、あまり合わない人間もいた。しかし、現役時代も監督時代も、好き嫌いで選手を区別したことは一度もない。その選手の能力をいかにして最大限に引き出すか。それを考えて実践することに精一杯で、とても好き嫌いという感情が入り込む余地はなかった。

とはいえ、同じような実力を持ちながら、杉浦やマー君のような好運に恵まれやすい選手もいれば、その反対の選手もいることは事実だ。

そう考えれば、人間の運というのは、どういう心掛けを持ち、どういう言動を示すかによって変わってくると言えるかもしれない。周囲とどういう関係性を築き、周囲をどう巻き込んでいくか。それが組織の気運となり、その人の運となるのではないか。

そうだとすれば、実力以上に人間性や姿勢が大切であり、それが周囲の評価や本人の運につながると言っていいだろう。

人間の存在価値とは、周囲の評価によって決まる。

私は常々そう言ってきた。とくに団体競技や会社などの組織においては、個人の力だけでは成果が出ないことがたくさんある。まじめにがんばっていれば、かならず見てくれる人は見てくれている。その思いで、私はこれまで生きてきた。

いつでも口が悪く、愛想のひとつも言えず、処世術というものを知らない人間が、ここまで生きてこられたのは、その思いがあったからだと信じている。

第3章

見えない力

「野球の神様」とは何か

野球の神様という言葉をよく耳にする。野球の中で奇跡的なことが起こったり、不思議なことが起こったりしたとき、「野球の神様の計らい」とか「野球の神様のいたずら」などと言われる。

とりわけ、運不運が勝負の行方を大きく左右したときなどに、野球の神様の話が持ち出されることが多いから、運と野球の神様は、きっと深いつながりがあるのだろう。

野球人には野球の神様の存在を信じている人が多いが、私もその1人である。「これは野球の神様のなせる技だな」と思うしかないような場面に何度も出くわしたことがある。

そもそも、私がなぜ野球の神様を信じているのか。それは、努力を信じているからだ。努力はいつかかならず報われる。私はそう信じて、努力をしてきた。自分の能力のなさをカバーするためには、人一倍、努力をするしかない。

きっと野球の神様は、その努力を見てくれているはずだ。そう信じてきたからこそ、努力を続けることができたのだ。

結局、私はこうして野球の世界で長く生きてこられたのだから、この結果だけを見ても、野球の神様はたしかにいたのだと思う。ありがたいことである。

私自身がプレーしているときに、もっとも野球の神様の存在を感じたのは、1963年に1シーズンの最多本塁打の新記録となる52本目のホームランを打ったときだった。

それは、そのシーズンの最終戦の最後の打席のことだった。その時点での私のホームランは51本。小鶴誠さんが保持している日本記録と同じだった。もし私が最後の打席でホームランを打てば52本という新記録を達成することになり、打てなければタイ記録で終わることになる。

その最終打席、相手は近鉄の若手ピッチャー、山本重政だった。

「新記録のホームランを浴びるのはプロのピッチャーとして不名誉なことだから、まともに勝負なんかしたくない」

そう思っているのがありありと伝わってきた。3球続けてアウトコースのボール球、とてもバットが届くようなボールではなかった。

「こんなところで歩かされてもしょうがない。くそボールでもなんでもいいから、目をつぶってバットを振ってやろう」

そう思って思い切り踏み込んでバットを振り回したら、思いがけずボールに当たってショートの頭の上に弾丸ライナーが飛んでいった。

「ちょっと打球が低すぎる。フェンスを越すのは無理かな?」

そう思って見ていたら、打球はレフトスタンドに突き刺さった。野球の神様のプレゼントだとしか思えなかった。

このときレフトを守っていた土井正博が、その裏の攻撃で打席に入る前にこう言った。

「ノムさん。おめでとうございます。それにしても、あの打球、フェンス、すれすれ。ほんの10センチ上でしたよ」

それでもフェンスを越えてくれたのだから運がいい。

あのとき、ピッチャーが逃げずに堂々と勝負してきたら、こういう結果になっていただろうかと、よく思う。逃げるようなマネをするのは、ファンも望んでいないし、野球の神様も苦い顔をしていたのかもしれない。そのおかげで、ああいう場面で奇跡的に新記録を出せたのかもしれない。

とはいえ、野球の神様に愛され続けるということも、なかなか難しい。その次の年、私の記録はあっさり王に抜かれてしまった。王の55本という新記録は、その後、50年間も破られることはなかったというのに、私の新記録は、たった1年で消えてしまった。

「せめてあと3～4年たってから抜いてくれりゃいいのに、この新記録といい、三冠王達成といい、王のおかげで俺の価値はいつも引き下げられてしまう。運が悪い男やなあ」

そんなふうにボヤいたこともある。しかし、最終戦の最後の打席で新記録ホームランを打てるか打てないかというのは、プロのバッターとして大きな違いである。こうして、後々まであの打席のことを振り返って喜んでいられるのだから、やはり、とてもありがたいことなのだ。

ゲン担ぎに根拠はあるか？

勝負の世界に生きる人は、ゲンを担ぐ人が少なくない。プロ野球にも、そういう人は多いし、私も縁起を気にすることはある。

もちろん、やるべきこともやらずに「神様、勝たせてください」などというのは論外だが、「やるべきことはすべてやった。あとは神のみぞ知る」というときには、ゲンを担いで「こうすると、いいことが起きる」ということをしてみたくなる。

たとえば、現役時代には「あの店で散髪をすると、よくホームランが出る」というゲン担ぎがあった。

大阪心斎橋の床屋さんに散髪に行くと、なぜか次の日に、よくホームランを打てるのだ。ゲン担ぎなどというものには科学的な根拠などないが、その散髪屋さんに行くと、なぜそんな気になったのか。改めてよく考えてみると、思い当たるフシがないわけでもなかった。

まず単純に、散髪するとスッキリして気分がいい。いい気分になると、いいバッティングができてホームランも出る。人間は感情の動物なのだから、いつでも、この「気分」は見逃すことのできないものなのだ。

アスリートにかぎらず、心技体の心を活性化させるためには、自分なりに気分を上げる事柄を見つけておくことも、けっして無駄ではないだろう。

さらに、なぜその心斎橋の散髪屋さんが「気分がよくなる床屋さん」なのかをもう少し考えてみた。いつも私の髪を切ってくれるそのオヤジさんは、口数は多くはないけれど、人に対する気づかいができる人だった。

私とともとくに野球の話をするようなことはなかったけれど、私が「ここに来るとよくホームランが出る」と思っていることはよくわかっていた。なかなか私のホームランが出ない日が続くと「そろそろ野村さんが来るんじゃないか」と口には出さなかったけれど、内心そう思っていたようだった。

この店は若い店員を何人か雇っていたが、みな礼儀正しくて気がきく若者ばかりだった。それは、店主のオヤジさんの教育が行き届いていたからだった。「いずれこの店を離れて独立しても、ちゃんとやっていける人間に育ててやりたい」というオヤジさんの親心だった。

それと、このオヤジさんと私には共通点があった。かかあ天下なのだ。店のレジには、いつも奥さんが座っていて、客にはとても穏やかな笑顔で接しているのだけれど、亭主には甘い顔をしない。別に店内で、かかあ天下ぶりを発揮しているわけではないし、オヤジさんが恐妻家ぶりを発揮しているわけでもない。でも、私にはわかる。野村夫婦と同じ空気を感じるのだ。奥さんのほうが強い家庭は大丈夫。女性上位の国は栄える。床屋さんだってそうである。

なぜ、この床屋さんに行くといい気分になれるのか。ひと言で言えば、いい床屋さんだからである。

「毎度ありがとうございました」

「ありがとう。また来ます」

そう言って店を出るときには、気分爽快。「きっと明日はホームランが打てそうだな」と思えてくるのだった。

私が朝トイレに行かない理由

すべて手を尽くし、正しいプロセスを経ても、いい結果が出るとはかぎらない。勝負には不確定要素もたくさんあるし、計算通りに行かないことも多い。そこで、みんなゲンを担ごうとするわけだ。

私はよく球場まで車で通うときに、道順を変えたり変えなかったりということを頻繁にやっていた。

「きのうはあの道を通って負けてしまったから、きょうはこっちを通って行こう」

それで勝てば、次の日も同じ道を通って球場に向かう。また勝てば、また同じ道を通り、負ければまた違う道を選ぶ。そうやって日々、道順をよく変えた。

勝てば次の日も同じにすることが、実はもう1つある。下着。パンツである。勝った次の日には、そのパンツをまた穿いて行った。3連勝すれば4日目も同じパンツを穿き、5連勝すれば6日目も同じパンツを穿いた。不潔な話だが、勝ち続ければ勝ち続けるほどパンツを穿き変えられなくなるというおかしなことになっていた。そこまでいくと匂いが気になりもしたが、何よりも勝つことが重要だから、それはそれでうれしい悲鳴だったのだ。

私が「運を落とす行為」だと思っていたのが、試合前に大便をすることだった。だから、私はけっして試合前に大便用のトイレに入ったことはない。

もっとも、そういうことができたのは、私の昔からの生活習慣によるものだ。私は夜、寝る前にトイレに行くのが常だった。どうやら大多数の人たちは、朝、用を足すことが多いようだが、私は夕食をすませ、夜の諸般の用事を足して、ベッドに入る前にトイレに入るというのが習慣になっていた。

だから、朝も試合前もトイレに行かなくてすむ。その日の運を落とさないで試合に臨むことができるのだ。

しかし、ごくまれに試合前、球場のトイレで用を足すことがある。そういうときは本当に運がない試合ばかりだった。

こういうゲン担ぎは、人それぞれだ。選手やコーチたちを見ていると、「ストッキングはかならず右から履く」とか「スパイクは左から履く」「タオルはかならず青」「あの人が応援に来る日はホームランが出る」などと、いろいろなものがある。

中には、「そんなアホな」と言いたくなるようなものもあったが、私は何も言わなかった。だいたい私のゲン担ぎだって、他の人から見たら、「そんなアホな」であろう。

要は気分の問題。本人が満足して試合に臨めるのなら、それにこしたことはない。試合が始まれば、気分がいいことばかりではないのだから、せめて試合前のゲン担ぎぐらいは自由にやればいいのだ。

プロ野球は、数字にこだわる人が多い。成績の数字はもちろんだが、背番号に対する思い入れやゲン担ぎをする人もいる。

「野村さんのラッキーナンバーは10です」

あるとき、占いの先生にそう言われたことがある。

「私は現役時代は19でしたが、あれはどうだったんでしょうか？」

「野村さんにとって、とてもいい番号でしたね。10がラッキーナンバーというのは、10そのものだけでなく二桁の数字の合計が10になること。つまり、1＋9＝10はラッキーナンバーなんです」

その後、監督になってからは、どうせなら自分に縁起のいい番号にしようと思って、73と82を選んだ。ユニフォームは毎日のように着るものであるから、着るときにいい気分でいられるように、いい番号だと信じた番号を着るのも悪いことではあるまいと思ってのことだった。

いつも「2番」の運命

「俺はどんなにがんばっても1番にはなれない。一生懸命やっても2番がいいところ。俺はそういう運命なのかなあ」

そんなことを思うときがある。

通算ホームラン記録が王に次いで2位、通算安打記録は張本勲に次いで2位なのをはじめ、私には1位というのが何もない。

「どんなものでもいいから球史に残る1位の記録があったらいいのに」

そういう思いがあったから「三振記録でもいい」とさえ思っていた。ところが、かつては通算三振数が1位だったのに、やがて清原和博に追い越され、山崎武司にも秋山幸二にも金本知憲にも抜かれ、とうとうベスト10からもはみ出てしまった。

「出場試合数記録3017」だけは、長年、1位を保っていた。ひそかに「この記録だけはもうだれにも抜かれないだろう」と思っていたが、2015年に谷繁元信に抜かれてしまった。これでまた2位が増えてしまった。

そんなことを冗談でボヤいていたら、ある記者が「野村さんにも1位がありましたよ」と見つけてきてくれた記録があった。

「野村さんの犠牲フライ113というのは、歴代1位です。いまのところこれを追い越しそうな選手はいません。この記録だけは残るかもしれませんよ」

「まあたしかに犠牲フライは得意だったけど、それにしても地味な記録やなあ」

「野村さんらしい記録ですよね。実は、もう1つ、野村克也らしい1位があるんです」

「もしかして併殺打か？」

「正解です。通算併殺打数378。これは2位の衣笠さんの266を100個以上も引き離してます。この記録もおそらく、もうだれにも抜かれませんよ」

「まあ、1位が何もないより2つもあったんだから、よしとするか」

「あ、野村さん、もう1つ1位記録が見つかりました」

「また何か地味なものでもあったのか」

「歴代のキャッチャーとしては通算ホームラン記録1位です。657本というのは王さんには200本以上引き離されていますが、キャッチャーとしては2位の田淵さんの474本を200本近く引き離して堂々1位です」

「そうなのか。でも『キャッチャーの中で歴代1位』っていうのは、どうも無理やりの1位だな。そこまでして1位になろうとは思わんよ」

私はそれ以上、2位という運命をボヤくのはやめた。2位で結構。やはりそのあたりが私らしいという気がする。

苦しいときの「ささやき戦術」

戦略というものは、まず正攻法から入って、それでダメなら奇策を試すのが常道だ。勝負というものは、セオリーに沿って戦い、成功する確率の高い作戦をとるべきなのであって、最初から奇策に走るのは邪道というものだ。

バッターを打ち取るための正攻法として、配球は基本的に4つの組み合わせがある。私は常々「4ペア」と呼んでいるが、「内角と外角」「速い球と遅い球」「ストライクとボール球」「高い球と低い球」を組み合わせて攻める。

それぞれ「内角を生かすためには外角を使う」「速い球で勝負するためには遅い球を利用する」「ボール球を見せてストライクで打ち取る」「低めで打ち取るために高めに投げておく」というふうにして、バッターに意識をさせたボールと反対のボールで勝負したり、バッターの脳裏に残像が残っているコースや球種を利用したりということを組み合わせて、バッターが読みにくい配球をしたり、虚を突いたりするというわけだ。

バッテリーにとって、いちばんいやなバッターは、選球眼がよくてボール球に手を出してくれない選手だ。私が対戦した中では、その典型が王と榎本喜八だった。

ところが、2人ともコースの見極めは抜群だったが、高低の見極めは難しかったようで、意外にも高めのボール球に手を出すことがあった。ホームベース上にさえ通過すれば、高低のボール球に手を出して凡退する。選球眼のいい強打者には、その手が大いに役立った。

そして、いまでは各球団がバッテリーミーティングなどで定番にしているが、私が打ち出した「打者の傾向を4つに分類して配球を考える」ということも有効だ。

4つの分類とは「ストレートを意識しながら変化球にも対応するA型」「内角か外角かを決めて狙うB型」「右方向に打つか左方向に打つかを決めているC型」「球種にヤマを張るD型」である。

各バッターは、かならずこのいずれかであり、ボールカウントによって「はじめはD型で待って、追い込まれたらA」というふうに変えたり、その打席の状況に応じて変えたりするバッターがいる。

そうしたバッターの分類に応じて、「4ペア」の組み合わせでバッターを攻略するのが、私が考えた正攻法である。キャッチャーはバッターのすぐ近くで観察していれば、その構えや見逃し方ひとつでバッターの狙い球がわかる。

ところが、こうしたセオリーでは、どうしても打ち取れないときがある。絶好調のバッターや天才的なバッターが手をつけられないほど当たっている。どんなに考えて攻めようにも攻略の糸口が見つからないときがある。

そんなとき、私がとったのが、ささやき戦術だった。マスク越しにバッターが聞こえるようにボソボソと何か言う「野村のささやき」は有名だったが、いつでもそうしていたわけではない。傾向と対策が見えているときは私も黙っている。それが見つからず、なんの打開策もなくて困ったときにかぎって、ささやく。つまり配球の正攻法では対応しきれないときに、ささやき戦術という奇策をとったのだ。

ささやきの目的は、おもに2つあった。1つはボソボソと何か話しかけることによってバッターの集中力を削ごうという狙い。もう1つは、球種を読まれないためのカムフラージュだ。

もっとも単純なのは「このバッターは、このピッチャーのストレートなんか通用せんから外の変化球で逃げるぐらいしかないわ」とボヤいてからインコースにストレートをズバリと投げる。

あるいは、タイミングがピッタリのファールを打った後、ピッチャーに「お〜い。合っとるぞ〜」と声をかける。するとバッターには、もう同じボールは投げてこないと思っているところに同じ球を続けて裏をかく。

この戦法は2回までは同じ手が使えるが、3回目からはもう通用しない。だから、私は試合が終わったあとは「だれに何をささやいて、どういう結果になったか」ということをその都度ノートに書き込んでいた。やはり、ささやきにも根拠が大切だ。ただ思いつきでボヤいているだけでは通用しないのだ。

バッターによって、どういうささやきが効果的かは、まちまちだった。配球や球種について言うよりも「このごろ銀座のあのお姉さんの店には行ってるの？」という話のほうが動揺したり集中力を欠いたりする選手もいた。

中には大杉勝男や張本のように「うるさい！　黙ってろ！」と食ってかかってくる選手もいたが、逆に言えば、それだけ、ささやきが効いていたことの証でもあった。

王は、人がいいから、はじめのうちは私の話に取り合っているが、いざ一本足打法の構えに入ろうとしてからは、もう何を言っても耳に入らないようだった。あの集中力の前にあっては、ささやきもボヤきも一切、通用しなかった。

長嶋はといえば、「チョーさん、一茂は元気?」と言うと「そうねえ、ノムさん、このピッチャーいいボール投げるねえ」と返ってくる。こちらの話などまったく聞いていないふうだった。

阪急の福本豊や大熊忠義にもよくささやいたが、ある日、いつもは会話になるのに何を言っても乗ってこないときがあった。

「ノムさん、勘弁してくださいよ。『野村と打席でしゃべったら罰金だ』って監督に言われてるんですよ」

ピッチャーに顔を向けたまま、そう小声で言ってきた。やはり、天下の西本幸雄監督が気にするほど、ささやき戦術には効果があったのだろう。

しっかりした「人生観」が運を招く

人生の流れや運というのは、実は、その人自身が運んだり変えたりしていることがたくさんあるのではないか。私は自分の長い野球人生を振り返ってみると、そう強く感じる。

その根本になるのは、自分はどういう人間になりたいかという思いだ。自分は何を成し遂げたいのか。そのためには何をするべきか。そういう思いが自分を変え、運を切り開いていく原動力になるのだ。

たとえば、私がプロ野球選手として生き残ることができたのは、「俺はプロ野球選手になってお金を稼いで貧乏な母を楽にしてあげたい」という強い思いがあったからだった。

そして、30歳を過ぎてからは、こう思った。

「俺もそろそろ現役を引退してからのことを考えておくべき時期が来ている。いまのプロ野球界を冷静に見渡してみると、監督になれるのは、ほとんど大卒の人だ。高卒の俺は監督やコーチとして雇ってもらえそうもない。しかし、俺から野球を取ったら何も残らない。じゃあ、俺は、だれにも負けない野球評論家になってやる。日本一の解説者になってやる。そのためには、現役のうちからもっと野球の勉強をしよう。もっともっと考える野球を追求して、もっともっと感性を磨いて観察力と分析力を身につけておこう」

そう心に決めてからは、いままで自分がプロ野球選手としていい成績をあげるために努力してきたことが、引退後も立派に生かせるようにしなければいけないと考えた。つまり、プロの解説者として活躍するための準備をしておかなければいけない。

それは、いままで選手として心がけてきた「根拠のある予測」や「正しいプロセスによる結果」を自分自身で研究して理解するというだけではなく、それを人にわかりやすく伝えられる力を身につけなければいけないということだ。

私はプロ野球の世界に入ってから今日まで「プロ意識を持つ」ということをもっとも大切にしてきた。プロとして恥ずかしくないものを身につけ、プロとして恥ずかしくないパフォーマンスをする。

プロ野球選手は、プロとして恥ずかしくないプレーをするための努力を重ね結果を見せるもの。プロ野球の監督はそのための指導を選手にするもの。そして、プロの解説者は、「これぞプロの目。プロの頭脳。プロの言葉」というものを身につけていなければいけない。

私は現役時代の後期、「だれにも負けない解説者になる」と決めてからは、自分がインタビューに答えるときには「さすが、プロ」と思われるコメントをするように心がけた。担当記者と雑談をするときでも、プロらしい話をしようと意識していた。そういう受け答えの中で、だれに何をどう伝えれば伝わりやすいか、どう話せばわかりやすいか、何を伝えれば喜ばれるかを考えながら話すようにした。

それが解説者になってからは全部役に立つのだから、私は現役選手でありながら解説者としてのトレーニングや評論家としての準備をしているようなものだったと言えるだろう。

そうして、いざ現役を引退してネット裏から野球を見る日を迎えてみると、いままでグラウンドやベンチにいたときには見えなかったものや気づかなかったことも見えてきた。まさに岡目八目。視界がさらに広がった。

そこで見たものといままで培ってきたものをスポーツ新聞や週刊誌の連載、テレビやラジオの解説者として伝える日々を送った。おかげさまで、それまでの研究とトレーニングが生かされ、各分野で好評をいただいた。

そして、9年ほどそんな仕事を続けていると、ある日、ヤクルトスワローズの相馬和夫球団社長が私を訪ねてきて、こう言った。

「いつも野村さんの解説を聞いたり評論を読んだりして、これが本物の野球だと感服していました。ぜひうちのバカどもに野球を教えてやってほしい」

見てくれている人は見てくれている。私はこのときもそう思った。私はプロ野球に入団したときから「まじめにがんばっていれば、見てくれる人はかならずいるものだ」と信じてやってきた。

このときが相馬さんとは初対面だったが、こういう見る目を持っている人との縁ができたことが私の新たな運を切り開いてくれたのだ。

「相馬さん。私が監督をやらせてもらったからといって、すぐに結果が出るとは思わないでいただきたい。1年目は種をまき、2年目は芽が出て、なんとか3年目に花を咲かせることができるように努めさせていただけませんか?」

「もちろんです。いまのうちの状況を見れば、すぐに結果が出るなんて思いもよらないことです。どうぞじっくり腰を据えてやっていただきたい」

その結果、3年目にリーグ優勝という花を咲かせることができた。9年間もヤクルトの監督を務めさせてもらった。

それもこれも、相馬さんという得難い人が私に新たなチャンスを運んできてくれたおかげである。

選手として勉強してきたことが解説者として生かされ、解説者として研究を重ねてきたことが、今度は監督として花開いたのだ。そうした運は、多くの人たちとの出会いがなければ成しえなかったことである。

リーダーが左右する組織の運

組織にいる人にとっては、その中でどういう人と巡り合うかというのもまた1つの運である。

とくに、組織のリーダーと、そのリーダーの下で働く人との出会いによって組織の成績も違ってくるし、その巡り合わせによって個人の成長も変わってくるということがある。「どんな部下がいようとも成果をあげられるのが本物のリーダーだ」とか「どんな上司の下でも、本当に優秀な人はいい働きができる」というのは理想かもしれない。だが、人間は感情の生きものであり、相性もあるから、どういう人と出会うかによって変わってしまうことが往々にしてある。

私は選手だったときも監督だったときも、好き嫌いで人を区別したことはない。相性の良し悪しについては、少なくとも同じチームで勝利を目指して一緒に戦っている人に対しては感じたことがない。

監督の大事な務めの1つは、いい選手を評価し抜擢し、物足りない選手を叱ったりメンバーから外したりすることであるが、私は、その判断基準に好き嫌いを差し挟んだことは一度もない。

プロ野球の世界に身を置くようになってから60年以上も生きてきて、選手として監督に仕え、監督として選手を率いるという経験を重ねてきて、いま改めて感じるのは、やはり、どういう指導者と出会い、どういう環境で生きてきたかが、その人の形成に大きな影響を与えるということだ。

私は高校を卒業して南海ホークスに入って、初めて仕えたのが鶴岡監督だった。18歳のときから16年間、鶴岡監督の下にいたから、その影響は計り知れないものがある。いつも怒られてばかりで、何かを細かく丁寧に教わったことは一度もなかったが、テスト生上がりの凡人の私を入団3年目から正捕手に抜擢してくれた。

それから3年後、たったひと言「おまえ、ようなったな」と褒めてもらったのが、私にとってどれほど自信になったことだろう。まったく褒められたことがなかった人にそう言ってもらえたことが、その後の私の大きな支えになった。

その後、私は監督としてチームを率いる立場になり、南海、ヤクルト、阪神、楽天という4球団で指揮を執った。その中で私は「考える野球」「理をもって戦う」ことをテーマとして「ＩＤ野球」を掲げ、「野村の考え」といったものを実践しようとしてきた。

しかし、である。そういうセオリーや戦術は、1つの理念であり目標である。さまざまなチームを長年にわたって率いてみると、そこにはチームの数だけチーム状況の違いがあり、1つとして同じものはない。環境や戦力や選手の個性やチームの空気がすべてまったく違うのだ。同じチームであっても、いまと5年前はぜんぜん違うチームだと言えるほど変わっていることもある。

そういうすべての状況に対して「野村の考え」を一方的に当てはめようとしても、うまく機能しない。選手もチームも、それぞれ別の生きものであるから、「このチームには通用したことが、このチームには通用しない」ということもある。

つまり、あらかじめ「野村の野球」という絶対的なものがあるのではなく、チーム状況や選手の個性に合わせて、どう対処していくか。どう「野村の考え」を盛り込んだりアレンジを加えたりしていくかなのだ。

たしかに、私が標榜してきた「考える野球」「理をもって戦う」「ＩＤ野球」「野村の考え」といったものには、普遍的なものもある。しかし、それはあくまでも私の引き出しの中にあることであって、そのチーム状況によって、その試合によって、その選手によって、その普遍的なものをどうやってその場に応じて引き出しから取り出して個別に対応していくかが大事なのだ。

「野村監督のチームだから、かならずこういう野球をする」ということではなく「このチームを率いて勝つためには、こういう指揮を執るのがベストだ」ということを見極めたうえで、「野村の考え」をもって臨むということなのだ。

たとえば、「野村再生工場」と呼ばれる選手起用も、「野村ありき」なのではない。私が何か選手に新たな能力を授けるということではなく、その選手が持っている能力を再び引き出すためにはどういう方法があるかを見つけ出して生かしていくということだ。

その選手がチャンスに恵まれなかったり、力を発揮しきれなかったりしている理由は何か。何らかの理由で宝の持ち腐れになっているのか、自信を失っているのか、方向性がまちがっているのか。

そういう原因に応じて、考え方を少し変えたり、持ち場を変えたり、フォームや技術的なことを少し見直したり、自信を取り戻すためのアドバイスを送る。ほんの少しだけ何かを変えることによって、立派に再生することができるのだ。

そもそも「再生する」ということは、もともとは力がある選手なのだ。それがちょっとした理由で、心技体のどこかにマイナス面が出ている。それを取り除いたり、新たな活躍場所を見つけたりすれば、再び力を発揮することができるはずなのだ。

それを見つけて働き場所を与えてあげることが、野村再生工場の工場長の仕事だ。主体は選手であって、監督は選手を見極め、そのよさを最大限に引き出すための方法を引き出しの中から出して使うだけなのだ。

その選手がなぜいまは力を出せなくなっているのか。再生の可能性はあるのか。それを見極めるためには、すべての偏見を捨てて見直さなければいけない。

偏見は悪、固定観念は罪。

私は常々そう言ってきた。「もうこの選手はピークを過ぎた」「この選手は、メンタルが弱い」「この選手はわがままでチームのために尽くせない」というような色眼鏡で見てしまうと、選手の長所や可能性を見落としてしまう。

ましてや、好き嫌いや自分との相性などという感情論を持ち出すことはリーダーとして恥ずべきことである。

リーダーの偏見や思い込みによって部下のチャンスを奪ってしまうことは、組織の運を逃すことにつながると私は思っている。

天邪鬼のプライド

人を見て法を説け。

それが指導者として、もっとも大切なことの1つだと私は考えている。とくにプロ野球という個性的な選手やプライドの高い選手が多い世界では、同じことを言っても、素直に聞こうとする選手と、まったく聞こうとしない選手がいる。

だからこそ私は、状況によって法を説く。あらかじめ「○○監督の野球」というものがあって、そこに選手をすべてはめ込んでチームを作ろうとするのではなく、そのチームの特性やその選手の個性を見極めたうえでチーム作りや指導法を考えていくことが必要だと思っている。

もちろん、組織の長としてチームの目標を掲げ、監督の方針や考え方を浸透させていくことは重要だが、そればかりを金科玉条にして頭ごなしにそれを押しつけても動こうとはしない選手が昔からプロ野球にはたくさんいる。

たとえば、プロのピッチャーというのは、プライドの高い奇人変人が少なくない。彼らに向かって上から絶対的な命令を下しても、あまりいい結果につながらないことが多い。江本孟紀や江夏豊といったピッチャーは、その典型だった。ピッチャーは走り込みによって下半身を鍛えることが大切だというのは、中学生でもよく知っている常識だ。

ところが、江本や江夏は、その重要性は頭で理解していても、ランニングが大嫌いときている。私が「走れ」と言ったら、余計に走りたがらない。天邪鬼で、上からの命令に従うのが走ることと同じぐらいに嫌いなのだ。

そこで、私はよくグラウンドで若いピッチャーたちを捕まえて、江本や江夏が聞こえるように大声で言った。

「おまえらピッチャーは走るのも仕事やろ。しっかり走らんか」

すると、しばらくしてから彼らは自分で走り出している。直接言われるとやりたくないけれど、「そうだよな。仕事だもんな」と気づかせることができれば、自分からやるようになるのだ。

ピッチャーというのは難しい人種で、力はあるのに気が弱いという選手もいる。そういう選手を試合中に厳しく叱り飛ばすと委縮して余計ダメになってしまう。ピッチャーに対する試合中の叱咤激励やアドバイスは、同じことを言っても人によって受け止め方が違うから、日ごろから性格をよく把握しておいて、言葉を選ぶ必要がある。

ピッチャーはプライドが高く自信家が多い半面、基本的に繊細な人が多い。だから、私は現役時代も監督になってからも、そういう配慮を大切にしてきた。ピッチャーのメンタリティーは勝敗に直結するから、なんでもかんでも気合を入れるような指導法では勝てる試合も勝てなくなってしまうのだ。

その点、野手を相手にするときは、試合中でも、その場で強く言うべきことを言う場合が多かった。その唯一の例外ともいうべき選手が阪神タイガースの新庄剛志だった。

私がヤクルトの監督として阪神の新庄を見ていたときは、そのズバ抜けた身体能力に目を見張っていた。肩は強く、足も速く、バッティングも天性の適応能力があり、長打力もある。まだ一流の強打者ではなかったが、そうなれるはずの素材だと思っていた。

私が阪神の監督になって、すぐそばで新庄を見てみると、相変わらず野球選手としての才能は一級品。スター性もあるし、本人も目立つことが大好きだ。明るい性格でチームに与える影響力もある。ただし、野手なのに、ピッチャーに負けない奇人変人で、やる気にも努力にもムラがあった。

もし、この選手がやる気を出して、この潜在能力が爆発するようになれば、きっと阪神は強くなるはずだ。これだけ陽性の人間が中心選手になってくれれば、チームの雰囲気はガラッと変わり、勢いが出てくるにちがいないと思った。

じゃあ、どうやって新庄をその気にさせるか。どうやって乗せていくか。これこそ「人を見て法を説け」である。ピッチャー以上に自意識が強くてプライドが高い新庄は、強制したり頭ごなしに叱ったりすると、反発することはあっても、素直に耳を傾けて従うことはない。

だからこそ、かつて新庄は、強権を発動するタイプの監督の下で、こんなに豊かな才能を持ちながら「僕は素質がないから野球をやめる」などと言い出したことがあったのだ。

こういう選手は無理に管理しようとしてもはみ出ようとするだけだし、理屈で説き伏せようとしても聞く耳を持たない。そういう指導が通じる選手ならそれでいいが、新庄の場合は力を発揮できないままどこかへ消えてしまいかねない。それでは本人のためにもチームのためにも何もならない。

こうなったら、新庄には思い切って気持ちよくプレーさせてやろう。言葉はよくないが

「豚もおだてりゃ木に登る作戦」である。プライドと自意識と自信と不安を持て余しそうになっている新庄のような選手には、自分が思ったようにやらせて、自覚と自立を促してやることも必要なのだ。

好きなようにやらせてみて、方向性を見失いそうになったら修正方法を示唆してやればいい。逸脱しそうになったら注意してやればいい。そういう姿勢で新庄に接してみることにした。

まずは、これまで自分の能力とセンスを持て余し、それを生かしきれていなかったことに自分自身、気がついてほしい。最初のテーマはそこだった。

キャンプの初日に私は新庄に聞いた。

「おまえはどこを守りたいんや？」

いままで、内野をやったり外野をやったり、どこを守ってもやりこなしてしまうためにか「自分はここだ」ということを見つけられずにいるように見えていた。そこで、新庄に対しては、「チーム事情があるんだから、おまえはここを守れ」などとはけっして言わないことにした。まずは自分が好きなところを守らせてみようと思った。

彼の答えは想像以上に面白いものだった。

「ピッチャーをやりたいです。だって、９つのポジションの中でピッチャーがいちばん目立つしカッコいいから」

「よし、わかった。きょうからピッチャーをやれ」

新庄の強肩ならば、練習次第では150キロの速球を投げられるかもしれない。本当にそんな期待と楽しみがあった。なにより私も一度、新庄がマウンドに上がるところを見てみたいと思った。さっそく新庄は、嬉々としてブルペンに向かった。

「新庄、ピッチャーにチャレンジ」

この年のキャンプは、それが大きな話題となった。目立つことが大好きな新庄は毎日、張り切ってピッチング練習をした。

ピッチャーとしての練習をひとしきり終えると、新庄は野手としての練習に向かった。それはそれで新鮮な気持ちになれた様子で、自然にすべての練習に熱がこもっているのが見て取れた。

「これで新庄のプロ野球選手としてのモチベーションが上がるんじゃないか」

私はそう期待していた。

キャンプ終盤、オープン戦が近づいてきたとき、新庄はこう言いに来た。

「監督、ピッチャーはあきらめました。明日から外野に戻ります」

「そうか。内野はどうする?」

「いいえ、外野一本でいきます」

次の日から、外野手新庄剛志がグラウンドを駆け回る姿には、明らかにいままで以上の覇気があった。

やはり新庄は、自分が進む道を自分で決めれば、だれに言われなくても自分で突き進んでいく選手だった。その翌シーズン、四番打者に据えた新庄は打率も打点もホームランもキャリアハイの成績をあげた。その翌年には、さらなるステージを目指して、ニューヨーク・メッツに移籍した。

一度は野球をやめようとまで思った新庄がメジャーリーグで活躍する選手になり、再び日本に帰って日本ハムを見事に優勝に導き、それを花道に引退した。多くのファンに愛され、カッコいいことが大好きな新庄らしい野球人生を送ることができたのは、もちろん彼自身の努力と才能によるものだ。

とはいえ、人間の運命というのは、どちらに転んでもおかしくない分岐点というものがある。野球をやめてしまうのか。それとも何とか踏みとどまってがんばるのか。そういう場面に立たされてしまったとき、新庄は自分の運命をどう感じ取り、どう切り開いていこうとしたのか。それがその後の新庄の人生を大きく変えたのだ。

日本ハムの日本シリーズ優勝を決めた試合が引退試合となった新庄は、試合後の会見で「俺は持ってる」と感慨を込めて言っていた。たしかに運のいい男だとは思うが、それは単なる運ではなく、「いいことが起こるために大切なこと」をしていたからに他ならない。

それは、野球が嫌いになりかけた自分に、もう一度「野球が大好きな少年」の気持ちを取り戻すことができたからだ。ピッチャーをやってみたり、メジャーに行ってみたり、楽しく野球をやれる場所を見つけて、思い切り野球に打ち込むことで、自分の才能を開花させていく。そういう道を切り開くことが、「持ってる男」の運を呼び起こすことにつながったのだ。

笑う門には福来る。

それは昔から日本人が実感して実践してきたことだ。仕事や勝負の世界には、笑ってばかりいられないことが多い。だが、嫌々野球をやっている選手と、思わず笑顔になるほど大好きな野球を楽しくやっている選手のどちらに運がありそうかといえば、それこそ「笑う門には福来る」であろう。

新庄と同じように、私も大好きな野球をやっているときが人生でもっとも幸せな時間だった。だからこそ、勝っても負けても、うまくいってもいかなくても、野球は楽しい。その思いを失いさえしなければ、いつかかならず努力は報われる。きっと運は向いてくる。どうすれば、この仕事は楽しくなるか。それがわかれば、「どうすれば、この仕事はうまくいくか」が見えてくる。それは「正しいプロセスとは何か」に気づくということだ。それに気づけば、かならずチャンスがやってくる。それこそが運の正体なのではないか。

指導者は「どう教えるか」よりも「どう教わるか」が大事

この人には、どういう態度で接すれば、私の言葉がより伝わるだろう。この人には、どういう言葉を用いれば、心に響くだろう。

私はいつもそう考えながら選手たちに接してきた。とくにピッチャーに何かアドバイスを送ったり、励ましたり、注意したりするときには、そこに心を配ってきた。

プロのピッチャーというのは、自分が投げるボールの力でバッターをねじふせることもあれば、ボールの行き先がほんの数センチ違っただけで打たれたり抑えたりすることがある。強い力が求められる一方で、繊細なコントロールが必要な仕事だ。

「ピッチャーは大胆かつ繊細であれ」

そう口で言うのは簡単だが、同じプロ野球選手であっても、9つのポジションの中で、そんな難しいことを要求されているのは、ピッチャー1人だけだ。

プロ野球選手は野球の天才たちの集まりだが、その中でもピッチャーは、とくに野球の才能が豊富な人たちだけが務められるポジションだ。極端に言えば、野球の頂点にいるのはピッチャーだ。全国の少年野球チームの「エースで4番」だけが高校野球の強豪校に集結し、そのトップのエースたちがプロ野球選手になり、その中でピッチャーとして通用する人だけがマウンドに立ち、通用しない人は野手に転向していく。早い話が、新庄やイチローもそうやってピッチャーをあきらめて野手になった人たちだし、いまプロ野球でもっとも身体能力が高いといわれる阪神の糸井嘉男も最初はピッチャーとして日本ハムに入団している。

だからこそ、ピッチャーは「お山の大将」であり、プライドが高く、強い自信がなければ務まらない仕事なのだ。その反面、恥をかかされることには抵抗力が弱く、プライドが高すぎて、つまずいたときには脆い。それが、「ピッチャーという人種は扱いにくい」ということにつながっている。

いかにしてピッチャーに自信をつけさせるか。いかにしてピッチャーの不安を取り除いてやるか。それは野球がこの世にあるかぎり、キャッチャーや監督、コーチの永遠の課題である。

そこで私も長年、「この人にはどういう言葉を用いれば、心に響くだろう」と思いながらグラウンドに立ち続けてきたわけだが、その試行錯誤の中では、私が選手に何かを教えてきたことよりも、むしろ教わったことのほうが多い。

たとえば、ジャイアンツの内海哲也というピッチャーにも大事なことを教わった。

それは、私が社会人野球でシダックスの監督を務めて都市対抗野球に出場しているときのことだった。都市対抗野球には補強選手制度というルールがあり、代表になったチームが同じエリアの別のチームの選手を「補強選手」として指名することができる。

その年、シダックスが東京ブロックの予選を勝ち上がって都市対抗野球の本大会に出場するにあたって、同じ東京のチーム、東京ガスのエースだった内海を補強選手として招へいした。

いざ都市対抗野球大会がはじまってみると、内海の出番はまったくなかった。出番がないというよりも、やはり他チームのピッチャーは使い方が難しい。無理に投げさせてケガでもさせたら大変だし、内海本人にも東京ガスにも、貸してもらった側の監督としては、とても気をつかう。

うまく内海の出番をつくれないまま、最後の試合の後半に入ったとき、私は内海に声をかけた。

「次、投げるか?」

せっかく来てもらったのに、一度も登板させないのも申し訳ないと思ってのことだった。

ところが、内海はこう言った。

「いや、いいです」

登板拒否である。これは、まったく思ってもみないことだった。

かりにも元プロ野球の監督だった人間に言われて、社会人野球のピッチャーが登板を断るとは、皮肉ではなくて見上げたものだと思った。

「この選手は、きっと大物になるんじゃないか」

そう思った。この年の秋、内海は巨人にドラフト1位で指名され、その後のプロでの活躍は改めて説明するまでもないだろう。

アマチュア選手だったときから、すでに十分、ピッチャーとして高いプライドを持ち、たとえどんな監督に何を言われようが、自分の意思を押し通す。この精神力は、プロでも通用する証だと思った。

しかし、私はこの試合が終わったあと、深く反省をした。冷静に振り返ってみれば、あのとき、内海に対する私の言葉づかいは実に不適切なものだった。

監督が「投げるか？」と選手に声をかけて「いや、いいです」と拒まれたときは、意外な思いをしたが、あれはどう考えても私のほうが悪かった。

私が「投げるか？」と質問したから、断ったのであって、「内海、次の回、行くぞ」と言っていたら「はい」とマウンドに上がっていたにちがいない。

監督と選手なのだから、「行け」と指示をするべきなのであって、「おい、どうする？」などと質問するべきではないのだ。それは「投げたかったら投げてもいいし、投げたくなかったら投げなくてもいいよ」という問いかけだと受け止められても仕方がない言い方なのだ。

「よそから借りてきた大切なピッチャーだし、無茶なことをさせられないし、本人の意思をよく聞いてから投げてもらおう」

そんなふうに気をつかってしまったから、こういうことになってしまったのだ。私は素直にそう反省した。私はこのとき、たしかに内海から監督としての言葉の使い方を教わった。

実は、こう見えても私は遠慮深い人間なのだ。厚顔無恥で図々しい人間だと思われているが、本当は人がいいのだ。そのせいで余計な気づかいをしてしまったり、優しさのあまり継投策を誤ったりしてしまうのだ。

人間、いくつになっても学ぶことだらけである。野球人は、何十年、ユニフォームを着ようと謙虚に反省すべきことばかりなのである。

そして、だからこそ野球には終わりがない。だからこそ野球はやめられないのだ。

第4章

感性を磨くと運が来る

自己犠牲と運の深い関係

どんな世界においても、強い組織を作るためには、個人個人が組織のためにどういう形で貢献するべきかという意思統一が不可欠だ。それぞれが個人成績を上げようとしているだけでは、どんなに力量がある人がいたとしても、組織としては強くならない。

そこに必要なのは、「この組織が強くなるためには、個人成績を上げるだけでは足りない。個人成績以上に自分に求められているものがある」ということを個人個人がよく理解することだ。

野球という団体競技においては、それを選手たち自身がどれだけ理解しているかが大切だ。チームのリーダーは、それを組織全体に浸透させなければ強いチームはつくれない。

同じ野球でも、アマチュア野球は、そういう意思統一がしっかりできていることが多い。「自分が活躍することも大事だが、チームが勝つために何をするかのほうがもっと重要だ」ということが選手たちの共通認識になっている。

私は社会人野球の監督をした経験があるので、それを強く実感した。「都市対抗野球に出場しよう」というチームの目標のために、個人個人が何をどう貢献するかという思いが全員にあった。個人成績よりもチームの勝利のほうが明らかに上位に置かれていた。それは高校野球も、「自分の活躍よりも甲子園出場」という点で同じであろう。

ところが、プロ野球はそうではない。「プロ野球選手は個人事業主」と言われるように、選手一人ひとりが自分と家族の生活のために、よい個人成績をあげて給料を稼がなければいけない。

「みんな一丸となって優勝を目指そう」

そう言いながらも、自分の成績が大切だ。たとえチームが優勝しても、自分がさっぱり活躍できなければ給料が上がらないばかりかクビになってしまうことだってある。「個人成績よりもチームの勝利」とは、なかなか言いきれないのだ。

しかし、そういう個人事業主の集まりであっても、球団というのは立派な組織なのだから「強い組織を作るためには、個人個人が組織のためにどういう形で貢献するべきか」ということにまったく変わりはない。

つまり、プロ野球選手は、個人成績を上げることも大切だが、チームの勝利に貢献することも重要なのだ。プロ野球の監督とは、それを選手に理解させて、チームをまとめて勝利を目指すことが務めなのだ。

そのためには、個人成績よりもチームの勝利を優先させなければいけないときもある。野球という団体競技は、プロであれアマチュアであれ、自己犠牲が必要な場面がある。そういうときはプロ野球選手も我欲を捨てて、チームのためのプレーをしなければならない。

たとえば、どうしても得点圏にランナーを進めたい場面では、送りバントや走者の進塁を助けるためのバッティングをしなければいけない。

そういうときに「俺はタイムリーヒットを打つ自信があるのに犠牲バントなんかしたくないよ」とか「走者を進めるための内野ゴロなんか打って、自分の打率が下がるのはいやだなあ」などと自分勝手なことを言っていては、強いチームはできないのだ。

打席に入っていてヒットエンドランのサインが出たとき、いまの選手たちであれば「ヒットを求められているのではなく、ゴロを転がせというサインだ」ということぐらいわかっているが、昔はまだ「どうせならヒットを打って打率を稼いでやる」という選手もいたぐらいだった。

いまの野球は、ランナー一塁でヒットエンドランや盗塁のサインが出そうな場面では、守備側のセカンドやショートが「どっちがベースに入るか」ということをキャッチャーのサインを見てから球種によって決めていることが多い。

しかし、私が現役のころは、球種に関係なく、二遊間の選手同士であらかじめどちらがベースに入るかを決めていた。

だから、ファーストランナーが実際に走る前にフェイントをかけてスタートを切るマネをすると、それを見て二遊間のどちらかがベースに入ろうとしてサッと1～2歩、踏み出すのが見える。それに応じて、バッターは次のボールが来たとき、ベースに入る野手の定位置方向にゴロを転がして外野に抜ける可能性を高くするという作戦をとった。

ところが、いまは球種によって、二遊間が動きを変える。キャッチャーが「右打者のアウトコース」というサインを出したらセカンドゴロの確率が高いからショートがベースに入り、「右打者のインコース」というサインだったらショートゴロの確率が高いから二塁手がベースに入るという場合が多い。

そこで、私が楽天の監督を務めたときは、その逆手をとる作戦に出た。こちらの攻撃でヒットエンドランをやるとき、右打者のインコースにボールが来たら、あえてセカンド方向に転がす。アウトコースが来たら、わざと引っ張ってショートゴロを打つ。向こうの二遊間の逆を突いて外野に抜けていくゴロを狙い打つという作戦だ。

ところが、そういう戦法を指導したときに、「うまくショートゴロが打てません」という選手がいた。

「おまえはショート方向にヒットを打とうとしてるやろ。ヒット性の打球はいらん。ただのショートゴロでいい。アウトコースのボールに対してバットの先を返すようにして打てば簡単なことやないか」

「できません」

その選手は、自分がヒットを打つことには一生懸命になれるのだが、チームのために内野ゴロを打つということにはどうも真剣に取り組めないのだ。

プロ野球でレギュラーになるような選手だから、ヒットやホームランを打つ能力も十分に備えているし、自分のための練習や実戦には一生懸命になれる。ところが、あらかじめ内野ゴロを打つような練習をしたこともなければ、そんなバッティングは眼中にない。だから「うまくできません」などと言い放てるのだ。

彼にかぎらず、プロ野球で主軸を打つような選手の中には、「いままでの野球人生の中で試合でバントをしたことは一度もない」という人は少なからずいる。「バントなんかしなくても、いつでも打って点を取れる」という立場でしか野球をしてこなかったのだ。

そういう人は、バントの練習も気が入らない。練習することはするが、「実戦で絶対に成功させるための練習をしよう」などという気は毛頭ない。「ショートゴロなんか打てません」というのも、ほとんどそれと同じである。

私は、そういう選手には、かならずこう言った。

「これはチームが勝つために必要なプレーなんだぞ。そうやって自分の打率や成績だけを考えて野球をやってると、将来、苦労するぞ。そんな自分勝手なプレーしかできないような人間にコーチや監督を頼む球団なんかどこにもないぞ」

そう言われてハッと気がついて、取り組む姿勢が変わる選手は、活躍の場が増えていって、結局は自分自身も得をする。しかし、「俺は打てばいいんだ」「俺は投げて抑えさえすればいい」という個人プレーしか考えない選手は、自分で自分の居場所を狭めてしまう。

その組織の中に「個人成績も大事だがチームに貢献することがもっと大事だ」ということを理解して実行する人が多ければ、組織力は伸びていく。野球の場合、監督が選手たちにそれを浸透させたチームは、優勝することもできるし、ファンに支持される。その結果、選手個人の給料も上がるし、チームメイトやファンの信頼を得ることもできる。

つまり、チームに大きく貢献できる選手になれば、個人の評価が上がるのだ。そうすれば、グラウンドでのポジションやチャンスが広がるだけでなく、球団も将来の指導者として期待する人材になる。そこには、さまざまなチャンスが広がって、運も広がるというわけである。

野球という団体競技は、しばしばチームの勝利のために自己犠牲を求められる。送りバントや、いわゆるチームバッティングで走者を進めて得点を取ることが勝利に結びつく。それは野球にかぎらず、他の団体競技や組織にも共通するはずだ。

そういう自己犠牲が必要な場面でも個人の成績を優先したり、個人プレーに走ったりしてしまう人は、組織の中で信頼を得られない。「あの人は自分さえよければいいんだ」と思われている人は、いざというときに周囲の協力が得られない。

チャンスや運というのは「自分の力だけではない力」のことである。それはつまり「みんなに助けてもらう」ということだったり、「だれかが力を貸してくれる」ということだったりするのだ。

チームのために自己犠牲を厭わない人には信頼が集まる。我欲を捨ててみんなのために働ける人には多くの協力者が現れる。チャンスや運というものは、そういう人にこそ訪れるものなのだ。

周りの評価が運を広げる

「君は何をするためにこの世に生まれてきたんだ？」

ミーティングの席などで、私は若い選手たちに、よくそんな質問をする。

「そんなことは一度も考えたことがありませんでした」

そう言ってキョトンとしている新人には、こう言う。

「じゃあ、せっかくだから、いま考えてみろ」

そう言われても、なかなかその場で簡単に答えが見つからない。しかし、そういうことを考えて生きていくか、相変わらず何も考えないまま、漫然と生きていくか。それによって、人間としてどれだけ成長するか、野球選手としてどれだけ開花するかが大きく変わってくる。

人間的成長なくして野球選手の成長なし。

私はそう言い続けてきた。

プロ野球選手である前に社会人であれ。

そういう当たり前のことを当たり前に理解し、まっとうに生きていくことを心がけていかなければ、ただの野球バカで終わってしまう。プロ野球選手は現役を引退してからの人生のほうが長いのだから、野球だけ一生懸命やっていればいいという考え方では将来、辛い思いをすることになる。

だからこそ、自分はいま何のためにここにいるのか、明日から何をしなければいけないのかを自分でよく考えなければならない。そういうことを考える機会をつくり、そういう指導をしていくことも、プロ野球の指導者の務めなのだ。

プロ野球選手は小さいころから野球が上手だというだけでチヤホヤされて育った人が少なくない。プロ野球や高校野球が国民的なスポーツになっているおかげで、野球選手としての能力が高い人は、有名になったり高い給料をいただいたりすることもできる。これは、とてもありがたいことであるが、残念ながら、そういう恩恵をいただいたせいで勘違いしてしまう選手もいる。

人間として、きちんとした教育を受けるべき青少年の時期に野球ばかりやっていて、称賛され甘やかされてプロ野球選手になってしまう。そんな人が、野球でいい成績をあげて年若い身で大金を手にすることもできる。これでは、そんな若者を「自分は野球だけやっていれば許される特権的な人間なんだ」とますます錯覚させてしまう危険がある。プロ野球とは、一歩まちがえると、そういう人間を生み出してしまう世界でもある。

だからこそ、そんなことにならないための指導が必要なのだ。歴代の名監督は、そういう教育もしっかりやった。その代表的な例が、V9時代の川上哲治監督だ。川上監督は野球以前に人間教育を熱心にやった。それと同時に一般常識や一社会人としてのマナーや礼儀も口を酸っぱく言っていた。私も川上監督をよきお手本にして、それを実践してきたつもりだ。

ところが、近年のプロ野球界を見ると、そういう教育がおろそかになっている。野球バカは言うに及ばず、法を犯す人間まで現れてしまった。これはプロ野球界のすべての指導者の問題である。

せっかく能力もあり、縁あってプロ野球の世界に入ってきた若者たちが社会人として世間のお手本になるような人間であるためには、正しい教育が急務なのである。

「人間は、この世に生まれた以上、世のため人のためにどう役立つかを考えなければいけない」

　私は若い選手たちに、そう言い続けてきた。

「社会人として、どう社会に貢献するか。そういうことを日々、考えてその答えを見つけられるような生き方をしよう。少なくともプロ野球選手は子どもたちのあこがれの存在なのだから、そのお手本となる人間になるように努めなければいけない。そのためにはまず、野球選手としてあこがれの存在である前に、社会人として立派な人間だと認めてもらえるような生き方をしよう」

　ミーティングでそう言ったあとに、新人選手の1人を前に出させて、私はこんな指示をした。

「その黒板に、人、という字を書いてみろ」

　彼が「ノ」と書いたところでストップをかける。

「これだけでは、まだヒトとは読めんやろ？　はい、じゃあ、続きを書いてみろ」

　彼が「人」という字を書き終わるのを見届けて、こう続ける。

「人という字がここにある。これはどういう意味かわかるか？　人は人に支えられて、はじめて人になるという意味だ。その意味を考えて、これまでの自分が生きてきた道とこれからの自分が生きていくべき道を考えて、思ったことを言ってみろ」

「はい。自分はいままで親や家族や先生たちに支えられてきたおかげで、野球をすることができたということがよくわかりました」

「ほう。じゃあ、おまえはこれからどういう人間になりたい？」

「感謝の気持ちを忘れずにがんばりたいです。これからは人として、人を支える人間になりたいです」

「いい心がけだな。ところで、その、人間、というのはどういう意味だ？」

「人という意味です」

「人の間《あいだ》と書いて人間と読む。人と人の間で生きていく。それが人間だ。人間はけっして自分1人だけでは生きていけない。だからこそ、自分のためにだけ生きるのではなく、人のために生きることを考えなければいけないんだ」

そういう基本的な人間教育を青少年期にきちんと受けてきた新人選手は、プライドと同時に謙虚さも備えているし、驕ったり浮かれたりしない。それができている若者は野球選手としても伸びていく。吸収力もあるし、自分を律し、自分を高めるための努力もできる。自分がやるべきことを自分で見つけて成長することができる。

問題なのは、不幸にしてそういう人間教育をちゃんと受けてこなかった若者だ。プロ野球選手になって、「さあプロ野球のミーティングだ」と思って席に着いたとたん「世のため人のためになれ」などと言われて「あれ？　野球の話じゃないの？　なに、これ？」と面食らっているような選手には、なおさら、そういう話を毎晩でもしなければいけない。

「鉄は熱いうちに打て」である。

そうした話を入団して最初のキャンプのミーティングで毎日のように聞かされ、私との問答を重ねながら、少しずつでも理解しようと頭を使い、人間とは何か、社会とは何か、自分とは何かということを考える。すると、あるとき、それが野球とはぜんぜん関係がない話だと思っていたのが、実は関係があると気づくようになる。

そうやっていくうちに、いままで野球のことしか考えてこなかった若者が、「人間は人の評価があってこそ生きられるのだから、どういう姿勢で取り組むかが大事だ」ということを理解するようになる。

社会のためにどう生きるか、人のためにどう生きるかということが見つかれば、チームのためにどうするべきか、自分のためにどうするべきかも見えてくる。

そうすると、送りバントの意味も、ランナーを進めるバッティングの意味も、よくわかるようになる。少なくとも「ショートゴロなんか打てません」ということはなくなる。

「おまえたちが、毎晩、おもしろくもない俺の話をこうやって聞かされて、こんな監督のところに入って運が悪かったのか、それとも運がよかったのか、いますぐはわからなくても、いずれわかるときがくる」

私はよくそんなことを言ったが、果たして彼らは、いまごろ、どう思っていることだろう。

指導者は何を学ぶべきか

選手に対する人間教育は指導者のもっとも大切な務めであるが、最近、「そもそも、その指導者自身が大丈夫か?」と思うことが少なくない。ひと言で言えば、監督の器だと思えないような人が監督になっている。

たとえば、オーナーが監督に毎日FAXを送って「きょうのスタメンはこれでいけ」と指示を出して、監督はそのとおりにしていた球団があった。

私は最初にその話を聞かされたとき、まさかそんなバカなマネをするオーナーなどいないだろうと思ったし、そんな指示に従う監督がいるわけがないと思って、にわかには信じられなかった。

しかし、内情を知っている人から話を聞くところによると、どうやら本当にそういうことをしていたようだ。野球の専門家たるプロの監督が、オーナーとはいえ野球の素人に言われたとおりにオーダーを組むなどというのは、古今東西、どんなに横暴なオーナーでも、どんなに愚かな監督でも、やったためしがないだろう。

この監督も含めて、最近の監督はオーナーや球団に対する処世術でその座を得ている人が少なくないようだ。人格や見識、野球理論や哲学を評価されて監督になっているのではなく、オーナーの覚えがめでたい人物がポストを与えてもらっているとしか思えない監督もいる。

そういう監督の下で働くコーチもまた、その監督の覚えがめでたい人間ばかり。コーチとしての知識や経験、人間性や情熱よりも、監督の仲良しであることが入閣の条件になっているように見える。

監督にはオーナーや球団に従順な人間が指名され、コーチには監督のイエスマンばかりが呼ばれる。これでは強くなれないだけでなく、選手の育成や指導に支障が出る。

私は時代がよかったのか、運がよかったのか、処世術0点の人間なのに、4球団もの監督を務めさせてもらった。私は相手がオーナーであれだれであれ、言いたいことを言い続けてきた。そんな面倒くさい男に監督を任せようとしてくれた度量のある人たちのおかげである。いまこのご時世なら、もう私のような人間はだれも雇ってくれないであろう。

いまのプロ野球界を見ていると、「この男が監督か？」と思うような人が監督になる反面、「こんなに素晴らしい人材なのに、なぜ声がかからないんだろう？」と首をかしげることもある。

たとえば、宮本慎也がそうだ。私はヤクルトの監督だったときに宮本選手にどれだけ救われたことだろう。心技体、すべてにおいてチームのお手本になる選手だった。人間性も見識も、野球理論も哲学も、プロ野球の監督にこれだけふさわしい人は他に見当たらないだろう。

ところが、現役を引退後、宮本はずっとネット裏で評論家としてプロ野球にかかわり続けている。それはそれで立派なことだし、彼の言動を見聞きしていると、相変わらずシャープだし情熱もある。私も経験があるからよくわかるが、いったん現場を離れてネット裏から野球を見るというのは、いい経験になる。俯瞰で物事を見る目が養われるし、いままで自分が見えなかったものが見えてきて、とても勉強になる。

しかし、宮本には、いつまでもネット裏にいないで、早く現場に戻ってほしい。そう思っているのは私だけではあるまい。

「なあ、宮本。なんでおまえには監督の話が来ないんや?」

「あ、それは野村監督と同じで、自分は言いたいことは我慢しないで言うし、処世術がぜんぜんダメだからだと思います」

そう冗談を言って笑っていたが、あながち冗談ばかりではないだろう。どんな相手にも言うべきことを言うし、相手にとって耳の痛いことでも遠慮せずに言う。それが宮本のいいところなのに、それを生かせる球団がまだないというのは歯がゆいことである。

処世術が横行し、すっかり人材難に陥ったプロ野球界に、晴れて宮本慎也が監督としてユニフォームを着る日が来たときは、プロ野球が健全化に向かうシンボルになると思っている。その日が来るのを私は心待ちにしている。

そして、私はせめて、こう訴え続けていくつもりだ。

「コミッショナーおよびNPBは、プロ野球の監督コーチやその候補者を対象に、指導者講習会を開催せよ」

アマチュア球界では、すでにそういうシステムがある。しかし、野球の最高峰であるべきプロ野球にはそれがない。このまま人材難が続いてプロ野球が弱体化し衰退することがないように、いますぐ各オーナーとＮＰＢは、指導者講習会を始めるべきだ。それが「野村の遺言」である。

ケチで運を逃す人

人柄がいいというのは、得難いことだ。

私は人柄を褒められたことはほとんどないし、自分でも人柄がいいとは思っていないが、人柄がいい人を見ると、応援したくなる。

人柄がいい選手は、野球の実力はともかく、みんなをいい気持ちにさせてくれる。それがチームの雰囲気をよくする潤滑油になることもある。チームの雰囲気がいいというのは、試合の流れをよくする働きがある。それが勝利に結びつくこともあるのだ。

人柄がいい監督というのも、チームにいい作用を及ぼすことがある。早い話が、監督の人柄のおかげでチームが勝つことがある。

「この監督を勝たせてあげたい」

選手たちに自然にそう思わせる監督の人柄が、チーム力となって優勝するということがある。

さほど指導力があるようにも見えないし、卓越した野球理論や戦術を備えているというわけでもない。ただいつも穏やかな顔でベンチに立っている。たったそれだけなのに、その人の存在感が選手に大きな力を与えているのだ。

たいていの場合、そういう監督のそばにいるコーチは、いい人材が揃っている。彼らは選手たち以上に「この監督を優勝させてあげたい」と強く思っている。つまり、頼りない監督を見ると、コーチたちが自然発生的に「この人を助けなきゃ」という思いで結束し、監督の頼りなさを補ってなお余りある働きをしてチームを強化し、勝たせてしまうのだ。

実際にそうやって優勝した監督を私は何人か見たことがある。

私はその監督の下で野球をしている人たちに、こう聞いた。

「監督は選手やコーチたちに日ごろ、どんな話をするんだ?」

「いいえ、何も言わないし、何もしてませんよ、うちの監督は。野球と関係ない話はよくしますけど、野球の話はしたことがありませんね」

それでも本当に優勝してしまうことがあるのだから、人柄というのは、たいしたものだ。私はそれを聞いて「監督が何もしなくても優勝するなんてどういうことなんだ？　いったい、俺があくせくやってきたことはなんだったんだ？」とつくづく考えさせられてしまった。人柄とは、知恵や知識に勝るものなのだろう。人柄がいい人には、人望という得難い財産があるのだ。

そして、その反対にケチな人というのは、人望がなくなる。プロ野球の世界は、高い給料を得ている人が多いところだというのに、昔もいまも、意外なほどケチな人が多い。

私の現役時代にもそういう同僚がいたし、各球団にもケチで有名な人たちがいた。みんな立派な成績をあげて地位も名誉も金もあるはずなのに、なぜかケチなのだ。

たとえば、私の南海時代の先輩の中にも「ミスターケチ」とでも呼ぶべき人がいた。名前も実績もある選手なのに、絶対に他人にものをあげたり、ごちそうしたりしない。反面、人からものをもらったり、ごちそうしてもらったりすることは大好きだった。

その先輩が南海の寮から新居に引越しをするときに手伝いに駆り出されて驚いたことが

ある。押入れには、人からもらった品々がごっそり積み上げられていて、その中にはさまざまな食べ物やお菓子の箱もたくさんある。中には、腐ったりカビが生えたりしているものもたくさんあって、私は思わず悲鳴を上げた。

「この人は、こうまでして人にものをあげたくないんだな。そりゃあ、友だちもいないはずだよ」

そう思って、少し憐れになった。若いころにその先輩を見て、ケチは人望をなくすということをまざまざと教わった。

その後も、他球団の選手を見て、「あんなにいい選手なのにチームで人望がないのはなぜだろう」と思っていたら、やはりケチな人だというのを知って、貧乏な家に生まれ育った私でさえ「ケチはよくない」と肝に銘じた。

選手のときならば、ケチで人望がなくてもやっていけるだろうが、指導者となると話は別だ。

「彼は選手としても実績があるし、野球理論もしっかりしているし、チームリーダー的な存在だったから、きっといい監督になるだろうと思っていたのに、なぜうまくいかなかったんだろう」

私がそう思って見ていた人がいた。その後、その人がとてもケチだったと聞いて、「原因はそこにあったのか」と納得したことがある。

彼はチームメイトたちと食事に出かけたり飲みに行ったりしたとき、けっして自分の財布からお金を出すことはしなかったという。

プロ野球選手は、遠征先などで、みんなで連れ立って焼き肉を食べに行ったり、さまざまな料理屋さんに出かけたりすることが多い。体が資本の職業だから、みんなよく食べる。そういうときは、高給取りの先輩たちが若い選手たちを連れていく場合が多いが、たいてい先輩たちが何人か持ち回りで自腹を切るものだ。

「でも、あの人が払っているのは一度も見たことがないんですよ。他の先輩が払ってくれることはあっても、あの人が払ったことはありません」

後輩たちは、そういうところをよく見ているものだ。「きょうは俺が払うから」とだれが言うのかをちゃんと見ている。

「あの人はケチだ」

そういうことがわかると、その人の人望はなくなっていく。選手のときはそれでも押し通せたかもしれないが、そんな人がチームの生え抜きで監督やコーチになったら、だれがついていこうとするだろう。

いつもいつも気前よく大盤振る舞いをする必要はないが、みんなで楽しく飲み食いしようというときは、たまには財布の紐を開くこともまた上に立つ者の気づかい気配りなのである。

せっかくそこまでがんばって選手として成功し、せっかく監督にまでなったのに、ケチが災いして人望が薄れるなんてもったいない。ケチのおかげで損をするなんて、目的と手段がまちがっているとしか思えない。

ケチのおかげで、せっかくのチャンスを棒に振っているようなものだ。ケチとは、一時は得をしたような気になるかもしれないが、結局は自らのチャンスや運を手放すことになりかねないのである。

悪い空気をガラリと変える才能がある人

ムードメーカーと呼ばれる人がいる。

チームの調子が悪いときや、試合の流れが悪くなってベンチが暗い雰囲気になったときに、大きな声を出したり、みんなを励ましたりして、ベンチを明るい雰囲気にしてくれる。それがチームに活気を与え、みんなが元気になったり流れがよくなったりする。

たとえば、メジャーリーグで活躍している川崎宗則も、よくムードメーカーと呼ばれる。いつも明るく元気で、ファイトあふれる全力プレーでチームを鼓舞し、ベンチの雰囲気を盛り上げる。

そのプレースタイルがファンにもチームメイトにも愛され、走攻守という戦力以上にそのキャラクターが戦力となっている。

2016年のポストシーズンでは、シカゴカブスのベンチにひときわ元気な川崎の姿があった。しかし、川崎はベンチ入りのメンバーには登録されていなかった。メジャーでは登録外の選手がベンチに帯同することが認められているので、きっと監督には「カワサキは試合には出られなくても、ムードメーカーとしてベンチにいてほしい」という狙いがあったはずだ。

私が南海で監督を務めているときにも、そういうムードメーカーが1人いた。大塚徹という外野手は、試合に出場する機会は少なかったが、チームの雰囲気をたった1人で変える天才的な能力を持っていた。大塚は、どんなときでも、かならずベンチにいてほしい選手だった。

いつでも元気いっぱいで、みんなを元気にする明るさがあった。ユーモアがあって、チームメイトを励ます声援も上手だし、相手にヤジを飛ばすのも上手い。ただ声が大きいだけでなく、そのタイミングや機知に富んだ言葉のセンスが抜群だった。

あるとき、相手のピッチャーが絶好調で、味方打線が手も足も出ず、ベンチがシーンと静まり返っていたら、大塚がこう叫んだ。

「おまえら、なんでシュンとしてんだ。いちばん高い給料をもらってる監督が打てないんだから、おまえらが打てないのは当たり前じゃないか。元気出していけよ！」

ベンチに笑い声が響き、一気に明るいムードが広がった。みんなの気持ちが楽になり、チームに活気が戻った。大塚の叱咤激励やヤジは、いつもこんなふうに効果てきめん、ムードを変えてくれた。

私が「おまえら、元気を出さんかい」などと言ったところで、ベンチのムードは変わらない。大塚がいいタイミングで、上手いことを言ってくれるのは、選手兼監督として、これほどありがたいことはなかった。

その大塚がある年のシーズンオフ、球団から戦力外通告を受けそうになったことがある。選手成績の記録表だけを見れば、その判断は妥当かもしれない。しかし、私は大塚を失うことは絶対に避けたかったので、球団社長に掛け合った。

「大塚をクビにするのはやめてください」

「しかし、彼はほとんど戦力になっていないじゃないか。監督が大塚を試合に出していないのは、監督も使えないと判断しているからでしょう」

「いや、まったく違います。大塚という選手はベンチにいてくれるだけで立派な戦力なんです。とくに負けているときに逆転できるかどうかという大事な場面には、大塚の力が必要なんです」

そうして、大塚は解雇を免れた。

ムードメーカーだけで飯が食える選手は、私が知るかぎり、大塚徹ただ1人である。流れを変える達人、大塚徹は、もし「ベストムードメーカー賞」があったら、まちがいなく表彰されていただろう。

闘争心が運を呼んだあるケース

「いい選手」の定義には、「いいバッティングをする」「いいボールを投げる」「いい守備をする」という技術的なこともあるし、「心がけがいい」「頭がいい」「感性がいい」という内面的なこともある。

その他にもさまざまな要素があるが、私が「いい選手の条件」の1つに数えるのは、チームにいい影響を与える選手だ。

プロ野球史上、その最高の見本がV9巨人の長嶋と王だ。あれほどの素質と実力と実績があり、そのうえだれよりも練習し、野球に取り組む姿勢が素晴らしかった。彼らとチームメイトだった人たちは口々にこう言っていた。

「長嶋さんと王さんがあれほどがんばっているのを見ると、ぺーぺーの自分たちが手を抜くわけにはいかなかった」

トップスターのONの存在が、チームに大きな影響を与えたこと。それが、巨人の9連覇につながったのだ。

私はヤクルトの監督だったとき、よくその話を主力選手たちにした。

「川上監督は選手たちにあれこれ言わなくても、ひと言『みんなONを見習え』とだけ言えばすんだ。おまえたちも、そういうチームのお手本になってくれ」

そして、広澤克実や池山隆寛は、率先して練習し試合に取り組み、若い選手たちにいい影響を与えてくれた。それがヤクルト日本一の原動力になった。

当時のヤクルトのピッチャーの中では、チームに大きな影響を与えたのが荒木大輔だった。

高校野球の大スターだった荒木は、ヤクルトに入団。やがて二桁勝利をあげ、開幕投手を任されるピッチャーに成長した。

ところが、その後、故障に苦しんだ。手術やリハビリを重ね、再びマウンドに上がる日を目指して地道な努力を続ける辛い日々を送った。

私が監督就任3年目のシーズン終盤、優勝争いが佳境に入ってきたとき、大事な試合で荒木を先発させることにした。実に4年ぶりのマウンドだった。本人も周囲も驚いていたが、私は荒木大輔がこれまで背負ってきた運命的な勝負強さに賭けてみようと思った。

高校時代から大舞台で活躍し、プロに入ってからは「人気先行」という声をはねのけて実力でプロのマウンドに上がるチャンスをつかみとり、そして、故障で長期離脱という挫折を味わった。

「このままで終わってたまるか」

荒木には、そういう闘志と意地があった。かつてのスター選手がどん底から這い上がろうとする闘争心が、厳しい優勝争いの場面で大きな力を発揮してくれるはずだと私は信じていた。

そのとき、ヤクルトは14年ぶりのリーグ優勝を目指して戦っていた。成長著しい選手たちの活躍で、ついに優勝を狙えるところまで来ていた。私自身もヤクルトの監督として就任3年目で「やっと花を咲かせることができるかもしれない。あともうひと踏ん張りだ」という思いがあった。

とはいえ、14年も優勝から遠ざかっているのだから、優勝経験者はチーム内にわずかしかいない。伸び盛りとはいえ、優勝争いの経験がない選手たちには、プレッシャーという名のもう1つの敵がいる。こういう場面では、荒木の土壇場の力が頼りになるような気がした。どん底から這い上がろうとしている男には、プレッシャーを感じている暇などないのだ。

荒木はその復帰戦、7回無失点に抑え、勝利に貢献した。荒木自身にとっても、チームの優勝争いにとっても、非常に大きな1勝だった。ヤクルトは、この試合を契機に勢いに乗り、ついに優勝を果たした。

荒木の復活はチームに大きな影響を与えた。あきらめないでがんばる姿勢。闘志を持って戦う姿。球威なんかなくても、強い気持ちでバッターに立ち向かうことで打ち取れるということを示した投球。

そういう荒木の姿を見て、チームのみんなが勇気を得た。そして、みんな燃えた。

「荒木のためにがんばろう」

そういうムードがチームに生まれた。

そして、荒木が投げる試合は本当に負けなかった。

次第に「荒木神話」という言葉がスポーツ新聞から生まれた。マスコミも、ファンも、チームのみんなもそれを信じた。それが荒木とチームの勝利につながった。荒木大輔の闘争心が、チームに大きな勢いと運を呼び込み、14年ぶりの優勝につながったのである。

キーマンを乗せると流れは変わる

日本シリーズやクライマックスシリーズといった短期決戦では、勢いや流れが勝負を左右することがある。

そこでは、「この選手を乗せるとチームが勢いづく」というキーマンの存在がカギになる。そのキーマンとは、基本的に主力選手、4番バッターやエースであることが多い。4番がよく打てば勝つし、エースが好投すれば勝つ。野球はそういうふうにできている。

だから、日本シリーズの事前のミーティングでは、バッテリーや監督コーチは「この4番をいかに抑えるか」という対策を徹底して練っておく。それが奏功して、チャンスでことごとくそのバッターを抑えることができれば、優勝が近づく。

ところが、1戦目、2戦目、3戦目まではそのバッターを完璧に抑えていたのに、4戦目にチャンスでホームランを打たれて乗せてしまって、流れが一気に変わることがある。いわば、寝た子を起こしてしまった状態だ。

寝ているキーマンは最後まで覚醒させないように、最後まで慎重に攻めなければいけないのだ。

短期決戦の場合、４番バッターと並んで、キーマンにあげられるのがキャッチャーの存在だ。

「日本シリーズはキャッチャーに打たせるな」

そういう格言があるくらいだ。

日本シリーズに入るとき、両チームのキャッチャーは頭が痛くなるほど「このバッターをどう抑えるか」「このピッチャーには、どういうリードをするか」ということを考え尽くしている。

相手のデータと自軍のピッチャーの力量や傾向を考え合わせて、配球を考え、実戦でそれを確認したり修正したりしながらシリーズを戦う。

両軍のキャッチャーの作戦や配球やリードがシリーズの行方を左右する。キャッチャーの読みや観察眼や判断力が日本シリーズの勝敗に直結する。ひと言で言えば、キャッチャーが冴えていれば優勝できる。

そこで、「キャッチャーにホームランでも打たれて乗せてしまうと、リードも冴えて、こちらは打たせてもらえなくなる。だから敵のキャッチャーに打たせるな」というわけだ。

その作戦の一環だったのかどうか、私が現役だったころ、日本シリーズで巨人と対戦するときには、私は徹底的にヤジられた。

私が打席に入れば巨人のベンチから猛烈なヤジが飛んでくるし、私がマスクを被っているときも、私を集中的にヤジり倒した。

「野村を乗せちゃダメだ。野村に気分よく野球をやらせると厄介だ。とにかく野村を集中攻撃でヤジって、いやな気分にさせてやれ」

まるでそういう指示が全体に行きわたっているとしか思えないほど、巨人ベンチから私にヤジが飛んできた。

相手に気分よく野球をやらせてはやられてしまう。

私は巨人にヤジられながら、そういうことを学んだ。その反対に、味方に気分よく野球をやらせれば実力以上の力を発揮することもできる。そういう教訓も得ることができた。

勢いや流れというのは、気分によって変わることがある。それがとくに現れるのが日本シリーズという短期決戦なのである。

イチロー攻略の秘密

日本シリーズで対戦した相手のキーマンとして、もっとも強敵だったのがイチローだった。

1995年の日本シリーズ、ヤクルト対オリックス。イチロー対策についてスコアラーの事前報告は、こんな身も蓋もないものだった。

「イチローの弱点は、まったく見当たりません。イチローには、ある程度、打たれるのを覚悟してください」

「なんじゃ、そりゃ。じゃあ、ヤクルトは日本シリーズに負けろということか」

「そうではありませんが、イチローだけは、どうにもなりません」

「どんな人間にも、かならず弱点はあるはずや。もう1回、徹底的に調べ直してきてくれ」

ところが、どんなに洗い直してみても、イチローにこれという欠点や苦手なボールというのは見当たらない。たしかに、打つ手なし。攻略方法が見出せない。こんなバッターを見たのは初めてだと言ってもよかった。

そこで、私は苦肉の策を考え出して、バッテリーのミーティングでこう言った。

「俺はマスコミにイチロー対策のことを質問されたら『イチローには徹底的にインコースを攻めるしかない』と答えることにするからな。おまえたちはイチローがインコースを意識していると見たら、外で勝負する用意をしておけ」

ミーティングが終わって報道陣の前に立つと、案の定、質問が飛んできた。

「野村監督、イチローの攻略法は見つかりましたか？」

「はい。どんなにデータを見てもビデオを見ても、イチローの弱点は見つかりませんでした。こうなったら、どうせ打たれるなら逃げて打たれるよりも堂々とインコースを攻めて勝負しようと選手たちに言いました」

日本シリーズとなると、取材を受ける機会が格段に増える。あちこちのマスコミに、この質問を受けるたびに私は「インコース攻めしかない」と繰り返した。テレビのスポーツニュースの生放送のときには「これはきっとイチローも見ているにちがいない」と思いながら、意識的に「インコース攻め」の話をした。

実際には、イチローはインコースをまったく苦手になどしていない。しかし、いざ試合が始まってみると、このマスコミ相手の「イチロー口撃」には効果があった。

イチローは、明らかにインコースを意識していた。

基本的にバッターというのは、だれでもインコースに対する強い意識がある。「インコースを厳しく攻められたときは、こういうふうに対処する」ということをどのバッターも意識している。そこで、バッテリーとしては、そのバッターの意識を利用して、バッティングフォームを崩そうとする。この口撃作戦の目的はそこだった。

内角への意識が強くなればなるほど、バッターの「壁」は崩れる。「壁が崩れる」というのは、右打者なら左肩、左膝、左側の腰が早く開くということだ。左バッターなら右肩、右膝、右腰が早く開く。そうすると、バッティングに狂いが出るものなのだ。

そして、イチローにも、その症状がわずかに出ていた。インコースにボール球をいくつか投げておくと、インコースを意識するあまり、ほんの少し早く右肩、右膝、右腰が開いていた。そのあとにアウトコースで勝負すると、フォーム自体の開きが早くなっているぶん、凡打になった。

この作戦は、うまくいった。しかし、それは1戦目と2戦目だけだった。3戦目には、さすがにもうこちらの作戦はバレていた。

「インコースは見せ球にしているだけで、実際はアウトコースで勝負してくる」

イチローはそう見抜き、3戦目からはカンカン打った。さすがイチローである。野村の口撃なんか、子供騙しにしか見えなかったであろう。

イチローは、2016年、日米通算安打数がピート・ローズの通算安打記録を抜いたときの試合後のインタビューで、とても面白いことを言っていた。

マリナーズ時代の順風満帆だったときに比べて、ヤンキースに移籍して以降の3年間は少し安打のペースが落ちたことに触れて、こう言っていた。

「時間かかりすぎだよ。この3年間はちょっと足踏みだね。サッと抜きたいもんね。ちょっと苦労した感じが出るじゃないですか」

そこで記者から「苦労しているところは見せたくないのか?」と質問されて、こう答えた。

「そんなのを見せたい人がだれがいる? 上原と野村さん以外いないでしょ? 自分で雑草とかって言う人は見せたい人だから」

私はそれを聞いて、思わず笑ってしまった。

私と上原浩治が、まるで苦労を売り物にしているかのような冗談を飛ばすユーモアのセンスに感心した。

安打数の世界記録という偉業を成し遂げた日のコメントとして、わざわざ私の名前とキャラクターを日米の記者の前で披露してくれるなんて実に光栄である。もしかしたら、これは、あの日本シリーズの口撃への素敵な返礼だったのかもしれない。そう思って、私は1人で喜んでいた。

第5章

「流れ」の正体

「流れ」とは何か？

野球の試合の中で、常に勝敗を左右するキーワードのように言われるのが「流れ」である。

「あそこで流れが大きく変わった」

「あのエラーで流れが向こうに行ってしまった」

「このファインプレーで流れがこっちに来るぞ」

そういう言葉を多くの試合で耳にする。すべての試合と言ってもいいほど、だれしもが、そういうことを感じたり口にしたりする場面がある。そして、実際、そういう流れになって、「流れをつかんだほうが勝った」という結果になったり、「一度、向こうに行った流れが、あのフォアボールで再びこっちに流れが来た」ということが両者に度々起こって勝敗の行方を決したりする。

いったい、この「流れ」とは何か。これも運やツキと同じように、理論的には明確に説明しにくいものだ。そのくせ、私を含めて長年、野球の現場に携わってきた人たちは、同じ場面を見て、異口同音に「これで流れが変わる」と言ったり感じたりする。つまり、そうした「流れ」が明らかに存在するというのが、野球経験者や野球を見聞きしてきた人の共通認識だ。

たしかに流れを実感してはいるのだが、その実態は何かといえば答えは難しい。勝負の流れというのは川の流れのようにはっきり目に見えるものではないからだ。目の前で、球が速いピッチャーがビュンビュン投げているとか、強力打線が爆発したとか、機動力を全開させて走り回っているというのならだれの目にも見えるが、流れというのは「感じる」けれど「見えない」から厄介なのだ。

「流れ」を私なりに定義するとすれば、「勢い」であり「雰囲気」であり「感性」である。

劣勢だったチームが流れをつかんで、勢いに乗って逆転勝ちをする。

いい流れが来て、それまで沈んでいた空気がガラリと変わって、ベンチもチームもいい雰囲気になって逆転勝ちをする。

目に見えない流れを感じる力、つまり感性が優れている選手や監督がいるチームが流れをつかんで、実力が上回っている相手に勝つ。

「流れが味方して勝った」というのは、そういったことの積み重ねの結果だ。流れを味方につければ逆転勝利もできるし、実力以上の結果を得ることもできる。逆に言えば、流れが相手に行ってしまうと、優勢だったのにひっくり返されてしまったり、実力で劣っているはずの相手に負けてしまったりする。流れとは怖いものなのだ。

流れの怖いところは、たった1球で変わってしまうことだ。あれほど有利に試合が進んでいるはずだったのに、凡ミスや油断のせいで、流れを一気に向こうにやってしまう。そうなると、相手は勢いづき、こちらは焦り、両者ともすっかり雰囲気が変わってしまう。こうなると、何をやってもうまくいかない。じっとしていればしていたで、ますます相手が勢いづいて乗ってくる。野球で言う「1球の怖さ」とは、そういう流れの怖さと多分に関係がある。

野球はピッチャーが1球投げるごとに展開が変わり状況が動く。そして、次の1球まで「間」がある。この間とは、状況を見極め、次に起こることを察知したり予測したりして、その対処を考えて備えるための時間なのだ。

ここで瞬時に状況判断や予測をする力こそが、流れをつかむためにもっとも大切なことだ。それが、感性なのだ。

鈍感な人は一生、流れをつかめない

感性とは、感じる力であり、気づく力である。同じものを見ていても、ちゃんと感じ取れる人と何も感じ取れない人がいる。同じ場面に出くわしても、ちゃんと気づく人と何も気づかない人がいる。この差は、とてつもなく大きい。一流選手と二流以下の選手の差は、まずそこにある。

一流と言われる選手が身につけている「感じる力」を二流以下の選手は持っていない。言い換えれば、鈍感な人は、けっして一流になれない。鈍感な人は、流れも見えないし、結局は運もツキもつかめない。私が常々「人間の最大の悪は鈍感である」と言っているのは、そういうことなのだ。

流れをつかめる人は、1球ごとに変わる状況を察知し、次に起こることを予測して、備え、実行できる人だ。ただし、野球とは失敗のスポーツだ。ちゃんとその手順を踏んでいる一流選手であっても、バッティングで言えば、成功するのは3割。残りの7割は失敗する。あるいは、守備で言えば、状況判断と予測に基づいたシフトが裏目に出て失敗することもある。

しかし、一流と二流の差は、この失敗の生かし方に表れる。一流選手は一度失敗しても、同じ失敗は繰り返さない。失敗の原因を自ら感じ取って修正する。同じ状況で同じ失敗を繰り返さない。その修正力が高い人ほど、流れを感じる力が強く、次なる流れをつかむ力が強いのだ。

感じる力がある人には、考える力も身につく。考える力は変化につながり、向上につながる。チームとして見た場合、チームの中心になるような選手が感じる力を持っていれば、それがチームを成長させる力になる。野球ほど目配り気配りの必要性が高いスポーツにおいて、鈍感な人間がチームの中心にいようものなら、流れは相手に行き放題になってしまう。

感じる力とは、流れを感じる力であり、流れを感じる力があるからこそ、流れをつかむことができる。言い換えれば、チャンスをつかむことができる。つまり、チャンスを逃さない。そして、運を逃さない。「一流選手は感性が優れている」というのは、そういう意味だ。だからこそ、一流選手はチャンスに強いのだ。長嶋茂雄や王貞治がその典型だ。

感性が優れている→流れを読み取る力がある→チャンスをつかむ→運を逃さない→チャンスに強い→運が強い→自信を持つ→さらに感性が磨かれる……。

こうした流れの好循環を自らつくれる人が、流れをつかみ、運をつかみ、いい結果を引き寄せていくことができるのだ。

感情の動きから、流れが読める

流れとか勢いというものは、正直、いまだによくわからないところがある。「あのプレーで流れが変わってしまった」というケースを何度も見たり経験したりしてきたが、なぜそんなことになったのかという合理的理由が見当たらないことも多い。

ただし、試合中はわからなかったけれど、あとでよく考えると「結局、あの1球で流れが変わってしまったんだな」と気がつくことはある。

私は現役時代にはキャッチャーとして「守りの指揮官」を務め、その後は監督として試合全般を指揮したが、毎試合、かならず各3回ずつ野球をやった。試合の前の日は頭の中で「シミュレーション野球」をして、試合本番の「実戦野球」に臨み、終わってからは試合を振り返って「反省野球」をする。

とはいえ、シミュレーション通りの理想的な試合になることなど、毎シーズン、数えるほどしかない。とくに現役時代は、相手打線と味方ピッチャーの技量やデータに基づいて綿密な戦略を立てて挑んだとしても、ピッチャーのボールがサイン通りに来なければ、作戦なんて絵に描いた餅になってしまう。もちろん、データ通りに攻めたのに痛打を浴びることもあるから、反省野球は後悔することばかりだ。

ところが、グラウンドでプレーしているときには見えなかったことが、反省野球で見えてくることがある。

「やっぱり、あの場面は4番バッターと勝負しないほうがよかったな」

選手というものは、どんなに考えて野球をやっているつもりでも、やはり勝ちたい一心で一生懸命に戦っているときは、見えていないことも多い。それが、失敗を重ねて悔しい思いを何度もしているうちに、見えてくるようになる。

「この前はこのケース、変化球で痛い目にあったから、ここは真っすぐで勝負しよう」

そんなふうに試合の現場で対応してうまくいくことも増えていく。ピッチャーのリードや自分のバッティングだけでなく、「ここは、この試合の大事なポイントだな」ということも感じるようになってくる。つまり、試合の流れが見えるようになってくる。

それは、キャリアを重ねて経験と感性が豊かになってきたということもあるだろうが、もっと単純な要素がある。「感性＝感情＝流れ」ということだ。人間の感情と「流れ」は、密接なかかわりがある。

人間は感情の生きものだ。どんな名選手にも感情の動きによってプレーが左右されてしまうことがある。どんなに強いチームにも感情の動きによって、チームの雰囲気がよくもなるし悪くもなる。そうした感情の動きが、試合の流れを変えてしまうことがあるのだ。

経験値が増えてベテランになるにつれ、そうしたことが冷静に見えるようになってくる。若いときは、考えて野球をしているつもりでも熱くなりすぎて見えていなかったことが、落ちついて見られるようになる。そうすれば、反省野球を待つまでもなく、本番でそれが見えて、痛い目にあうことも減らせるようになる。

味方の感情と相手の感情の変化を読み取り、それに応じた対策をとっていけば、流れをつかむこともできるのだ。

たとえば、味方のピッチャーが急に動揺しはじめたのを感じたら、全力でそれをフォローしてあげれば、相手に流れを渡さないですむだろう。

あるいは、相手の4番バッターが手をつけられないほど調子がよくて勢いに乗っていたら、あえて勝負を避けて敬遠することによって、相手打線全体の勢いを止められることもある。

ベテランキャッチャーにそれが見えたりわかったりするようになるのだから、ましてや監督ともなれば、ベンチにいて冷静に流れを読み、戦略を組み立てていくことは、ベテラン選手以上にできなければいけない。野球の流れというのは、相変わらず厄介な魔物ではあるが、少なくとも「感性＝感情＝流れ」ということを見通して手を打つことぐらいはできる。

グラウンドでプレーしている選手が一生懸命になればなるほど、緊張や興奮のせいで見えなくなっていることを冷静に見極めてアドバイスしたり、作戦を講じたりするのが監督の務めだ。ピンチになろうがチャンスになろうが、選手と一緒に興奮したり動揺したりしていては指揮官など務まらない。

どんなときでも平常心を保って状況判断や予測ができれば、敵味方の選手の感情の変化が手に取るように見えるものだ。流れを読むというのは、そういう感情の動きを読み取ることでもあるのだ。

「フォアボールはヒットより悪い」は本当か？

人間の感情と流れは密接なかかわりがある。選手の心理状態と試合の流れはつながっている。それがもっとも顕著に表れるのは、ピッチャー心理と流れだ。とりわけ、ピッチャー心理から来るコントロールの乱れが試合の流れに与える影響は大きい。

野球の流れについて、よく言われる説の1つに「フォアボールは流れを悪くする。フォアボールを出すぐらいならヒットを打たれた方がいい」というものがある。いったいそれは、理にかなっているのだろうか。

そのイニングの先頭打者にフォアボールを与えて「ノーアウト一塁」になるのと、先頭打者にシングルヒットを打たれて「ノーアウト一塁」になるのでは、同じノーアウト一塁なのに、「フォアボールのほうが始末が悪い」というのは、果たして本当なのだろうか。

私の実感から言えば、「ここでフォアボールを出すと厄介だな」という場面に出くわしたことはしょっちゅうあるし、「まあヒットならしょうがないな」という気持ちで見ているときもよくある。なぜそんなふうに感じることがあるのだろう。それは、ピッチャーがコントロールを乱したとき、味方には不安が流れ、相手には「しめた」という空気が流れるからだ。

野球の勝敗を決する要素として、もっとも大きいのは、ピッチャーのコントロールだ。フォアボールというのは、そのコントロールが崩れているということに他ならない。だから、たった1つのフォアボールをきっかけに、ピッチャー本人は不安に陥り、チーム全体にも不安を与え、失点につながっていくことがあるのだ。

ヒットを打たれるというのは、甘い球や配球ミスだったとしても、とりあえずストライクが入っているのだからコントロールの修正が効きやすい。しかし、ストライクを取れずにフォアボールという場合は、コントロールの修正が効きにくい。

コントロールが乱れるというのは、フォームの狂いに原因があることが多いが、それに気がつかなかったり、逆にフォームを気にしすぎてバランスを崩してしまったり、コントロールだけを意識しすぎて腕が振れなくなったりしている。その結果、ストライクが入らなくなってフォアボールを出すと、ピッチャーはマイナス思考が強くなってくる。その意識のせいで、急にコントロールが狂い出してしまうのだ。

一方、守っている野手は、それを見て「大丈夫かな?」と不安を抱く。フォアボールを連発しようものなら「おいおい、またかよ。ちゃんとストライクを入れろよ」とイライラしたり、守備の時間が必要以上に長くなったりして、守備にもバッティングにも悪影響が出る。

これでは、どんどんチームの雰囲気が悪くなって、流れが悪くなる。そういう場面を何度も見たり経験したりしてきた人たちにすれば「フォアボールを出すぐらいなら打たれろ」と言わずにはいられないというわけだ。

ピッチャーがフォアボールを出したとき、野手はよく「俺たちがしっかり守ってやるから打たせて取ろう」とピッチャーに声をかける。この言葉の根底にあるのは「信は万物の基をなす」ということだ。ピッチャーは野手を信頼して投げる。野手はピッチャーを信じて守り、支える。

フォアボールというのは、この信頼関係を損なう原因になりかねない。それが流れを変えることにもつながっていく。先頭打者に初球をカーンと打たれてヒットならば、わずか数秒の出来事だ。ところが、「ボール」また「ボール」を繰り返してフォアボール。それが何度も続くと、ピッチャー自身も苦しいだろうが、野手にはストレスとなっていく。一生懸命投げているはずのピッチャーが延々と一人相撲をとっているように見えてしまい、ピッチャーへの信頼が失われていく。

そうしたことから、「コントロールの悪いピッチャーが投げる試合は、野手のエラーも多いし、打線もふるわない」という言葉が出てくるわけだが、つまりは、心理的影響が流れを悪くする典型的なものが、「チームに不安を生むフォアボール」なのである。

感情をコントロールして流れをつかむ

野球の勝敗は「7割はピッチャーで決まる」などと言われる。まあ、チームや試合によっては「8割」だったり「6割」だったりすることもあるだろうが、いずれにせよ、野球において、ピッチャーが最大のキーマンであることはまちがいない。

そして、野球の流れにもっとも深いかかわりがあるのもピッチャーだ。試合の流れが行ったり来たりするとき、そのキーマンがピッチャーであることが多い。

私はキャッチャーとして監督として、数多くのピッチャーを見てきたが、ピッチャーというのは実に不可解な人たちだ。信じられないようなことがしょっちゅう起こる。ついさっきまで完璧なピッチングをしていたと思ったら、急にストライクが入らなくなってしまう。その反対に立ち上がりから調子が悪くて試合を壊しそうな状態を見て「このバッターを出塁させたら、さすがに代えよう」と思っていたら、急に立ち直ってしまう。

あるいは、シーズン序盤は絶好調で連勝を続けていたのに、中盤からさっぱり勝てなくなってしまう。その反対に「きょうダメなら二軍に落とそう」と思って先発させたピッチャーがその日は完封して、とたんに連勝街道を走り出す。

その原因が目に見えてわかる場合もあるが、いったいなぜだろうと首をかしげてしまうことのほうが多い。それが昔から不思議で仕方がなかったが、同一人物が瞬時にして見違えるようによくなったり悪くなったりするというのは、やはり心理的な問題である場合が多い。

急にコントロールが悪くなったり、突然、打たれ出したりするのは、そのとたんにマイナス思考が強く働き始めたからだろう。味方がリードを奪った直後に勝ちを意識しすぎてプレッシャーを感じてしまったり、このバッターに打たれてはいけないと思ってストライクが入らなくなってしまったり、「大事に行こう、丁寧に行こう」と意識しすぎて、しっかり腕が振れなくなったりする。

そういうピンチの場面で、よくキャッチャーがピッチャーに向かって身ぶり手ぶりで「腕を振れ！」とアドバイスしているのは、キャッチャーにはそれが如実にわかるからだ。

私も現役時代、数えきれないほど経験したが、ピッチャーの心理状態がフォームにもボールにも、はっきりと表れてくるのだ。弱気になったり、気持ちが逃げたりしているのが手に取るようにわかる。そういうときは、かならずタイムをとってマウンドに行く。

「何をそんなに怖がってるんや？」

「……」

試合中のマウンドで顔面蒼白になっているピッチャーに立ち直ってもらうためには、「結果なんか気にしないで、とにかくしっかり腕を振れ」ということを伝えたいのだが、言われてすぐにそうできるぐらいなら、とっくにそうしているだろう。頭が真っ白になったり、不安で逃げ出したくなったり、普通の心理状態を保てなくなっているからこそ、こうなっているのだ。

そういうときは、そのピッチャーのタイプによって、強く叱咤したり穏やかに励ましたり、あるいは、野球と全然関係のない話をして緊張をほぐしてやったりする。いくら言葉で何を言っても通じないし、尻を叩いても目が覚めないピッチャーには、こんな手もよく使った。

「なあ、ネット裏の真ん中の前から5番目の若い女の人の顔が見えるか?」

「あ、はい。見えます。うわ、すげえ、美人」

「そうやろ。俺もずっと気になって見てたんやけどな」

「モデルかなんかですかね。スタイルもいいし」

ここでピッチャーの顔に血の気が戻ったのを見てから、簡単にひと言だけ言う。

「きょうのおまえの真っすぐは走ってるから、とにかく、しっかり腕だけ振れ」

これでピッチャーが立ち直れば、しめたものだ。「ピンチのあとにチャンスあり。チャンスのあとにピンチあり」という格言があるとおり、このピンチをこちらが切り抜ければ次の攻撃ではチャンスが巡ってくる。相手は、このチャンスを逃せば、次の守りでピンチに襲われる。野球とは不思議なほど、そういう応酬が起こるスポーツだ。

それは、「表裏」という攻防が9回も繰り返される競技であること。その間に安心したりガッカリしたり喜怒哀楽が表裏一体となってやってくること。そういう心理的影響が両者のプレーに表れやすいこと。そうしたことからピンチとチャンスは、いつも背中合わせなのだ。

つまり、感情の動きがプレーに影響を与え、試合の流れを変えてしまう。逆に言えば、ピンチになろうがチャンスになろうが感情を大きく揺さぶられることを防げれば、こちらに来ている流れを相手に渡すこともない。あるいは、相手が不安になったり動揺したりしていることを感じ取れることができれば、その隙を突いて流れをこちらに引き寄せることもできる。

感性と感情が流れを左右する大きなポイントだとすれば、感性を磨き、感情をコントロールすることによって、流れをつかむこともできるはずである。

相手の勢いをいかに止めるか

キャッチャーというのは、チームの中で、もっとも敏感に相手の感情と試合の流れを感じるポジションだ。相手のバッターにいちばん近い場所で守っているから、バッターのあらゆることが五感で感じられる。バッターの顔色、息づかい、構えるまでの小さな動き、視線、雰囲気、気配……。そうしたことをよく観察していると、バッターの好不調や精神状態、そして、狙い球が見えてくる。

それをもとに事前のデータと考え合わせて配球を組み立て、初球のサインを出す。そのボールにバッターはどんな反応をするか。どんな見逃し方をしたか、どんな空振りをしたか、どんなファールを打ったか、それでバッターの狙い球や好不調や危険性がさらに鮮明に見えてくる。それに応じてまた配球を組み立てていく。

そうやって用意周到に攻めても、まったく意に介さず、ガツンと打たれる。そして次の対戦では反省を踏まえて、手を変え品を変えで攻めていく。それでもまた、カ～ンとホームラン。もう何をやっても打たれる。失投ではないはずのピッチャーも「このバッターには何を投げても打たれてしまう」と思えてくる。

そんなふうに手のつけようがないほど調子がいいバッターに出くわすことがある。勢いというのは恐ろしいものだ。このバッターのおかげで、相手打線全体が勢いに乗っている。流れは完全に相手側にある。

さあ、こんなとき、キャッチャーとして、どんな手を打つか。どうやって相手の勢いを止めるか。どうやって流れを変えるか。考えあぐねているうちに、またチャンスでそのバッターに打順が回ってきた。

「こりゃもう、ぶつけるぐらいしかないんじゃないか……」

そう思いたくなることがある。私は現役時代も監督になってからも、一度もそんな危ないサインをつくったこともなければピッチャーに指示したこともないが、そういうことをしたくなるバッテリーやベンチの気持ちはわからなくもない。もちろん、危険球などあってはならないし、故意のデッドボールなど許されない行為である。

手をつけられないほど勢いがあるバッターに立ち向かうには、どうしたらいいか。手をつけられないのだから、手をつけなければいい。つまり、勝負を避ける。敬遠である。

打線には中心というものがある。中心なき組織は機能しない。強いチームであればあるほど、中心選手が機能すれば勝つ。頼りになる4番バッターがいれば打線は強くなる。「みんなで打線をつないで4番に回そう」とか「4番さえ打てば、うちは負けない」「あいつが打てば、打線が勢いづく」ということがある。

そういうバッターに対して、攻略方法も見当たらないときにまともに勝負するというのは、相手の勢いを増すことはあっても止めることにはならない。勝負を避けて敬遠するというのも、勝負の仕方の1つ。敬遠という作戦によって、手のつけられない選手を歩かせて次のバッターと勝負して打ち取り、相手打線の勢いを止めることができれば、その作戦は良策なのだ。

ただし、むやみに敬遠策に出るのは裏目に出る場合もある。逆にそのバッターを乗せてしまうことがあるからだ。

私は現役時代、なんとかレギュラーになって、少しはホームランを警戒されるようになってきたころ、敬遠されるのは実に気分がよかった。

「敬遠なんかするほど、そんなに俺が怖いのか」

そう思って自信になった。自分と勝負を避けたピッチャーと次に対戦するときには優位な気持ちで打席に入ることができた。敬遠も立派な作戦ではあるが、バッターの気分をよくして調子づかせてしまうようなことがあっては逆効果である。

野球の流れや勢いというものは、気持ちの問題でもある。相手を気分よくさせれば相手を勢いづけるし、味方を乗せればこちらが勢いづく。相手に不安を与えれば、こちらに流れが来るし、こちらが不安になれば相手に流れが行く。そういう心理戦に勝つための戦略が流れを左右することがある。流れとは、人間の気分や空気によって動く魔物だといっていいだろう。

短期決戦に見る勢いの怖さ

アマチュア野球のトーナメントの場合、勢いで勝ち上がるチームをよく見かける。高校野球でも、下馬評にも上がらなかった甲子園初出場の高校が、初戦で優勝候補に勝ったことで勢いがついていて、2回戦3回戦とさらに勢いづいて、準々決勝、準決勝……と勝ち進むということが頻繁に起こる。

そういう勢いがあるチームというのは、勢いのある選手の「勢い」がどんどんチーム内に広がっていって、チーム全体の勢いが増していく。そうなるともう「負ける気がしない」と全員が思っていて、たとえ大差でリードされていても、だれもあきらめない。その勢いや雰囲気は相手にも伝わるから、リードしているのに押されているような気持ちになる。

たとえば、2試合続けて逆転サヨナラで勝ち進んできたチームが「1対4」で3点リードされたまま9回裏の攻撃を迎える。あとアウト3つ取ればリードしているチームの勝利。ふつうならそのまま勝つ確率が圧倒的に高い。守備側のベンチの監督も守っている選手も「点差があるからアウトカウントを1つずつ増やしていこう」と落ちついて守ろうと声をかけ合っている。そして、先頭打者と2人目を打ち取って2アウト。さあ、あとアウト1つ。

ところが、ここでランナーを1人出すと、守っている側には、いやな予感が走る。攻撃側は勢いがあるから「よし、いけるぞ」という雰囲気になる。この勢いとムードはマウンド上のピッチャーにも守っている野手にも大きなプレッシャーとなる。そのせいで、ピッチャーはコントロールが乱れたり野手はエラーをしたりする。そうやって満塁になろうものなら、勢いのあるチームは「よし、また逆転サヨナラだ！」と信じているし、守備側もそういう気持ちになってくる。とくに甲子園の場合、選手だけでなく、観客も含めて球場全体がそういう雰囲気になってくる。そして、そこから連打で本当に3試合連続のサヨナラ勝ち。これが勢いの怖さだ。

こういうとき、もし私が守備側の監督ならどうするか。1人目のランナーを出したところでマウンドに伝令を送って「9回2アウト一塁で3点もリードしているんだから絶対にこっちが有利だ。バッターとの勝負だけに集中して、落ちついてあと1つアウトを取ろう」と言うしかない。おそらく、どの監督でもそうしているだろう。

こういう場面で大切なのは、相手の勢いに呑み込まれてしまわないこと。平常心を取り戻すこと。いやな予感を振り払い、不安を払しょくすること。自分を信じ、チームメイトを信じること。

つまり、そういうメンタルを保ったり、修正したりできるように、ふだんから「こういう瀬戸際に立たされたときに、ふだんどおりのプレーができるようにするためには、どういう訓練が必要か。どういう取り組みが必要か」ということをチームとして考えておくことが大切なのだ。

プロ野球の場合、毎年140試合も戦う長期戦なので、こうした勢いだけで勝ち進むことはありえない。どんなに強いチームでも長いシーズンで好不調の波はある。しかし、日本シリーズやクライマックスシリーズという短期決戦は、勢いで勝つということは十分に起こりうる。

日本シリーズはV9時代の巨人がそうだったように「初戦よりも第2戦目を重視する」という戦い方がある。

リーグが違って日ごろは対戦のない相手との試合。一応、相手選手たちのデータが手元にあるものの、本当にデータ通りなのか。初戦とは、それをさぐるための試合であって、かりに負けても、初戦の結果を踏まえて対策を練り直して2戦目以降に本当の勝負に入る。だから初戦はエースを立てずに戦って、2戦目で万全を期してエースを先発させるという戦法だ。

この2戦目重視には「初戦と2戦目で連敗することは絶対に避ける」という意味合いもあるだろう。たとえ戦力的にはこちらが優位だとしても、4勝で優勝が決する日本シリーズでいきなり2つ負けたら、その先はこちらが圧倒的に不利になる。

相手は初戦でエースを倒して勢いに乗り、さらに2戦目も勝ってますます勢いづいていく。そういうことを防ぐためにも初戦はエースを温存して、もし負けても「2戦目はエースを立ててかならず取る」という戦法が2戦目重視なのだ。

これは、V9時代に巨人のキャッチャーだった森祇晶が西武ライオンズの監督となったときも同じ戦い方をして日本シリーズを6度制覇した。圧倒的な戦力を誇ったV9巨人といえども、黄金時代の西武といえども、やはり相手を勢いづかせることだけは避けたかったのだ。あの王者たちがもっとも恐れた敵は、勢いだったのだ。

流れと運は「無形の力」

流れとは、目に見えないものだ。運もまた、目に見えないものだ。流れも運も、形として目に見えないけれど、ときとして勝負の行方を左右してしまうほどの力がある。流れも運も、いわば「無形の力」なのである。

私は監督としてチームを率いるときに「無形の力を身につけよう」ということを繰り返し言った。とりわけ、楽天のように戦力が乏しい球団では、実力だけでは強豪相手に戦えない。弱者が強者に勝つためには、実力プラスアルファの力が必要だ。それが、無形の力なのだ。

強豪チームには、エースを中心に勝ちを計算できるピッチャーが何人もいて、打線には4番打者を中心に強打者が揃い、走力や守備力のある選手もいる。そういう豊富な戦力に恵まれたチームならばだれも苦労はしない。

残念ながら私が率いてきた球団は、万年最下位争いをしている弱小チームばかりだったので、豊富な戦力を備えた相手をいかに倒すかという戦いの連続だった。だからこそ、無形の力が必要だった。投走攻守という有形の力だけではかなわないのだから、無形の力を身につけて戦力をアップさせるしかなかったのだ。

無形の力とは、たとえば、観察力や情報収集力、分析力や洞察力、記憶力、判断力、決断力といったものだ。頭を使い、知力と感性を働かせて戦えば、有形の力だけでは勝てない相手に勝つことができる。それが無形の力だ。

たとえ体力や技術力で劣っていたとしても、知力でそれをカバーすることはできる。指導者の中には「体力や技術力を気力でカバーしろ」と言う人もいるが、私はそういう指導を尊敬できない。気力も無形の力と言えなくはないが、昔ながらの軍隊式精神野球の根性論には知性も感性も根拠も乏しい。理をもって戦うことをよしとする私から見れば、「気力も必要だが、やみくもに根性で戦う前に知力を使おう」と言いたくなる。エネルギーにたとえれば、持続可能な力は、どう考えても気力ではなく知力のほうである。

流れについて言えば「気力と根性で流れを呼び込もう」というよりは「知力と感性で流れを見極めよう」というほうが、少なくとも再生可能なエネルギーになりそうだ。

たとえば、フォアボールと並んで「流れを変えてしまう」と言われるのがエラーだ。とくに大事な場面でボーンヘッドによるエラーをして逆転のランナーを出塁させてしまったり、1点も与えられない場面で硬くなりすぎて致命的なエラーをしてしまったりすると、流れを相手に渡してしまうことになる。

こういう大事な場面でエラーをしてはいけないということは百も承知しているはずなのに、そういうプレーをしてしまうというのはどういうことか。ボーンヘッドであれば頭をちゃんと使って守っていないということであり、硬くなりすぎてミスをしてしまうとすれば、気力と根性だけでは逆にプレッシャーに負けてしまうということである。プレッシャーが強い場面ほど、クールにクレバーにプレーすることが大事なのだ。そういうことを自分で感じ取ってプレーできる選手こそが、無形の力が高い選手であり、流れを感じ、流れを呼び込める選手なのだ。

そういう選手になるために一番必要なことは何か。流れを感じ、感性の鋭い人間になるために、もっとも大事なことは何か。それは「流れを感じ、感性の鋭い人間になりたい」と自分自身が強く思うことだ。それは、言い換えれば、夢と希望と目標を強く持つことだ。

人間は、「自分はこうなりたい」という思いがあれば、そこに近づくための努力をして、成長する生きものだ。「チャンスに強い人間になりたい」「信頼される人間になりたい」という希望があれば、そういう人間になろうと自分を磨くだろう。

「こういう選手になって、こういうプレーをしたい」「こういうところを磨いて、こういう成績をあげたい」「こういう存在になって、これだけの年俸を稼げる選手になりたい」という夢があれば、そのための努力をするだろう。

「クレバーで敵に嫌がられる選手になりたい」「野球をよく知っている選手になって、将来は指導者になりたい」という目標を持てば、改めてよく野球を勉強するだろう。

そして、「感性の鋭い選手になりたい」という思いがあれば、無形の力を磨き、体力や気力以上に知力を鍛え、頭を使い、人の言葉に耳を傾け、人の気持ちを考えて行動する人間になるだろう。

体力と気力と素質だけで野球をやっても野球はできる。プロ野球選手になるような人は、みなそれなりの実力は備えている。しかし、一流になれるか、二流で終わるか。その差は、野球の実力だけではない「人間力」を身につけるための努力や心がけができるかどうかにかかっている。

その人間力こそ、人間的成長を遂げて一流になるためにもっとも大事な無形の力なのである。

第6章

悪い流れを好転させる

「最初」を大事にすると楽になる

何事も最初が肝心。

昔からそう言われる。子どもの教育であれば、物心がついたときに親が最初にどういう教育をするか。学校であれば、1年生のときの担任が最初にどういう指導をするか。社会人であれば、会社に入って最初の上司がどういう教育をするか。プロ野球であれば、最初に入団したときに監督がどういう教育をしたか。

そういう大事なところで、しっかり教育を受けたかどうかは、その人のその後の人生に大きな影響を与える。

私は数多くの選手と接してきて、その重要性をいつも感じた。アマチュア野球での実績は超一流、素質も申し分ない。同じそういう選手でも、とても甘いところがあったり、すぐ天狗になったり、精神的にすごく弱いところがあったりする人は、親に問題があることが多い。

だから、プロのスカウトたちは、アマチュア選手を見定めるときには、選手だけでなく、その親がどういう人物かというところをよく見ている。いくら選手の素質が旺盛でも、その親に問題がある場合は候補から外すこともある。

野球の試合も最初が肝心。試合の中では「最初」「1つめ」が常に大切だ。野球の試合の中で「ここがポイント」ということには「最初の1つ」がかかわっているものがたくさんある。

攻撃では、まず「先取点」を取ったほうが有利になる。イニングの「先頭打者」を出塁させることは、得点につながる確率が高まるし、その反対に守っている側は先頭打者を抑えることが大切だ。どんなバッターでも、もっとも打率が高いのは「初球」であり、ピッチャー側にすれば初球にどんなボールを投げるかが大事なのだ。

大事な試合になればなるほど「最初が肝心」という度合いが高くなる。たとえば、プロ野球の開幕戦は、毎年、どのチームもそのシーズンの柱となるエースを投入する。「年間、140試合もあるのだから、開幕戦といえども140分の1にすぎない」という人の本当の気持ちは、たいてい強がりを言っているだけであって、実はだれしも「初戦に勝って、いい気分でスタートを切りたい」と思っているのだ。

毎年、シーズンが開幕すると、どんなベテランピッチャーでも、「まず1勝がほしい」と心から思っているし、あの王貞治でさえ、「毎年、1本目のホームランが出るまでは不安で不安で、今年は1本も打てないんじゃないかと思う」と言っていた。

大事な試合であれば、ピッチャーは、「まず初回の先頭打者を打ち取れば緊張感が半分以下に減る」と言うし、野手であれば、どんな名手でも「まず最初のワンプレーでアウトを取れば、大丈夫、行ける」と思うのだ。

バッターであれば、その試合の1打席目が大切だ。「1打席目にヒットを打てれば気持ちが楽になって、2打席目3打席目と連打が出やすい」と言う選手が少なくない。とくに不調が続いているときなどは、1打席目に凡退すると、「またきょうもノーヒットか」とマイナス思考に襲われてしまう人も多い。

プロ野球選手といえども、日々不安との戦いだから「最初にうまくいくと、その試合は大丈夫」という自信になることが多い。チャンスに弱いバッターの共通点は、前の結果を引きずることだ。1打席目に三振すると、それを2打席目も引きずってしまう。そういう気持ちで打席に入っても、いい結果にはなりにくい。結局、3打席目も4打席目もそのマイナス思考は払しょくできない。そういう気持ちでチャンスが回ってくると、「またダメなんじゃないか」としか思えない。そういう人は守っているときも同じで、その日の1つめのプレーでエラーをしてしまうと、それを引きずって、また失敗を繰り返してしまう。まじめな人に、そういうタイプが多いのだが、私はそういう選手を見ると、よくこう声をかける。

「おまえが気にしているほど、周りはおまえのことなんか気にしていないよ。もっといいかげんにやれよ。おまえはそれぐらいでちょうどいいんだ。さっきまでのことはきれいさっぱり忘れて、思い切って行って来い」

すると、さっきまで真っ青だった顔にみるみる血の気が戻ってくるのがわかる。

そういう選手と正反対なタイプが長嶋だ。長嶋茂雄という選手は、チャンスに強いことで有名だったが、それは絶対に三振や失敗を引きずらないからだ。ノー天気で、いいかげん。

実は私も長嶋と同じだったからこそ、チャンスには強いほうだったのである。ひまわりの長嶋と月見草の野村は、正反対の人間のように見られているが、実は案外、似ているところがある。私はひそかにそう思っていた。

リーダーの不安は組織に広がる

トップリーダーは、「部下たちは、いつも自分をよく見ている」ということを忘れてはいけない。

リーダー自身は、「自分はいつも部下たちをよく見ている」と思っているだろうが、実は自分のほうがみんなに見られているということを認識しておくべきだ。

だからといって、「リーダーはいいカッコをしろ」というわけではないが、リーダーとは組織の顔である。組織というものはトップの力量以上には伸びないということを肝に銘じておかなければいけない。

組織の士気や空気は、リーダーの思考や心理状態に左右されることが多い。いまリーダーが何を感じ、どういうことを考えているかが組織のムードや勢いや流れをいいほうにも悪いほうにも大きく変えてしまうことがある。

私にも1つ、苦い思い出がある。社会人野球、シダックスの監督を務めていたときのことだった。

２００３年の都市対抗野球決勝戦。私は好運にも、監督就任1年目で社会人野球の頂点に立とうとしていた。シダックスにとっても、初の日本一のチャンスが、すぐそこまで訪れていた。

6回を終わって3対0でシダックスがリード。7回に入ってシダックスの守備、マウンド上には、のちに巨人に入団したエース野間口貴彦。ここまでは先発完投の勢いで順調に来ていた。

ところが、このとき、私の心の中に余計な思いが浮かんできた。

「社会人野球1年目の俺が、いきなり、こんなにあっさりと日本一になってもいいのだろうか？」

そんなことが脳裏によぎったとき、ふとネット裏に目をやると、社会人野球連盟の役員の人たちが並んで座っているのが目に入った。そこには、アマチュア野球連盟の山本英一郎会長の姿もあった。私の思いは、ますますネガティブな方向に向かっていった。

「きっと会長たちは、プロ野球から来た俺が、いきなり1年目に勝ってしまったらメンツが立たないと思っているんじゃないか。『野村、負けろ。シダックス、優勝しないでくれ』と思っているにちがいない。俺はここで優勝なんかしちゃいけないんじゃないか？」

そんなことを思っていると、野間口の様子がどうもおかしくなってきた。この決勝戦、勝ちきるためには、連投の野間口に代えてリリーフを送って逃げきるべきところだった。そのとき、シダックスのブルペンでは、のちに日本ハムで活躍した武田勝がいつでも行けるように準備をしていた。万全の継投策をとるべきなのだ。

ところが、私はその決断をできずにいた。この大会では武田への信頼が盤石とまではいえず、エースに代えて技巧派で球威の落ちるピッチャーをリリーフに送る勇気が持てなかった。

そこには「このトーナメントをエースに任せて勝ち上がってきたのだから、最後までエースを信頼してエースと心中するべきなんじゃないか」という思いもあったが、それ以上に「この試合は勝たないほうがいいんじゃないか。準優勝でも1年目の責任は果たすことになるんじゃないか」というバカな考えが私を迷わせ、決断を鈍らせていたのだ。

結局、この決勝戦はそこから逆転されて負けてしまい、シダックスは初優勝のチャンスを逃した。

これは、どう考えても私の責任である。あのとき、監督が余計なことを考えてしまったおかげで、それがチーム内に伝播して流れを変えてしまったのだ。指揮官のネガティブな思いがチームに負の空気をもたらせてしまうのだから、恐ろしいものである。

選手というものは試合中、ベンチの中で監督の表情をいつも横目でチラチラと見ているものなのだ。言葉には出さなくても、監督が「勝てる」と思っているときは、それが無意識に表れているのを選手は察する。たとえ監督が一喜一憂しないつもりでベンチにいても、不安や迷いや消極的な気持ちになっていれば、それが選手たちに伝わってしまうものなのだ。

プロ野球ならば年間１４０試合も戦うのだから、「明日またがんばろう」と思い直せばいい。

しかし、アマチュア野球のトーナメントという一発勝負で、監督がこういう悲観的な気持ちになってしまったら、取り返しがつかないことになる。

私は選手にもチームにもまったく申し訳がないことをした。部下はリーダーが部下を見る以上にリーダーをよく見ている。リーダーの心理状態はチームに大きな影響を与えてしまう。私はこのとき、改めてそれを肝に銘じた。

いやな予感が走るとき

「なんかいやな予感がするなあ」

試合中、そう感じることがある。

たとえば、試合序盤の攻撃中、ノーアウトランナー三塁という先取点を取る決定的なチャンスで、後続のバッターが立て続けに簡単に内野フライを打って無得点に終わるとか、いい当たりのライナーでダブルプレー、結局は無得点。そういう攻撃のあとに守備につくときには、点を取られそうな気がする。

「このピッチャーは、このバッターに打たれそうだな」

そんな予感がしたときは、やはりやられてしまう。データではピッチャーのほうが圧倒的に有利なのに、この場面では「打たれそうだな」と思うと、そのとおりになってしまう。

そういう悪い予感がしたときは、もちろん、そのまま何もせずにただ見ているわけではない。

選手たちも「こういう場面では、えてして点を取られやすい」ということはよくわかっているはずだが、ベンチからもあえて注意を呼び掛ける。

「この回は、とくに引き締めて守ろう。まずは先頭バッターをしっかり打ち取れ」

試合の後半に味方がリードしているときであれば、「ここで流れが向こうに行ってしまうと、そのまま取り返しがつかなくなるぞ」というポイントがある。そういうときには、セットアッパー、クローザーとつないで万全を期して逃げきるべきなのだが、交代を決断できずに続投させて痛い目にあうことがある。

「なぜあそこで先発ピッチャーに見切りをつけて、スパッと代えなかったんですか?」

そう継投ミスを指摘されたことが何度あったことだろう。

なぜ代えないのか。その多くは情の問題である。続投させるのは危険だとわかっているのに我慢する。監督が我慢する必要はないのに、「投げさせてやりたい」という情が出てしまうのだ。

マウンドにいるピッチャーに「どうする? 代わるか?」と聞けば、何かコンディションのアクシデントでもないかぎり、「投げます」とみんな答える。自らマウンドを降りようとするピッチャーなど1人もいない。投げたいに決まっているのだ。

それがわかっているから、こちらとしても、何とか投げさせてやりたいと思ってしまう。それが継投ミスにつながってしまう。こう見えても私は優しいところがあるから、データ的には「代えるべき」と思っても、「もうちょっと投げさせてみよう」とついつい思ってしまうのだ。

それでも、やはり代えるべきときは非情に徹して代えなければいけない。そのときには、降板させる選手にどういう言葉をかけてあげるかが大切になってくる。試合は、明日も明後日もある。きょうは交代させるけれど、次にはまた出直してしっかり投げてもらわなければいけない。

そのとき、「おまえは何をやってるんだ」「頼りないぞ」「がっかりだ」といったネガティブな言葉は禁物だ。「こんなときもある。くよくよするな」「また次の登板で、しっかり投げてくれ」「またかならずチャンスはあるからがんばってくれ」というネクストチャンスでの挽回を期待しているということを伝えることが大切だ。

実力もプライドもあるピッチャーほど、打たれたときは本人がいちばん悔しい思いをしている。そういうピッチャーには、たとえどんな結果になっても、「自分は信頼されている」という自信を損なわないように気づかってやる。実は、監督自身、そのピッチャーに対する信頼感が少しなくなりそうなときでも、一軍のマウンドに送り続ける以上は、「信頼のメッセージ」を送り続けなければいけない。それは演技であっても、見せかけの信頼であっても、そうするべきなのだ。

もし大きな欠陥や修正困難な問題点が見えているときには、迷うことなく二軍に落として再調整させなければいけない。しかし、まだ再起の可能性が残されていて、チーム事情でこのまま一軍で投げさせなければいけないときには、監督コーチも本人もお互いにけっして信頼感を欠いてはいけないのだ。

それは4番バッターや主軸の選手に対しても同じことが言える。彼らはみな「自分がチームを引っ張る」という自信や責任感を持っている。しかし、不調に陥ったとき、その気持ちが空回りしてしまうことがある。

そういうときに、あっさり打順を下げたりスタメンから外してしまったりすると、お互いの信頼感を損なってしまうことがある。もし主軸のバッターを交代させなければいけないと判断したときは、やはり配慮が必要だ。

とはいえ、気をつかいすぎたり、腫れ物に触るようにしたりするというのではない。日ごろから中心選手としての努力と責任感とプライドを持ってがんばっている選手には、監督もそのことを尊重し、信頼してやることが大切だ。

たとえば、楽天で監督を務めていたとき、絶不調の4番バッター山崎武司に大事なチャンスで打順が回ってきたときのことだった。本人も苦しんでいるし、バッティングコーチは「さすがにここは代打を送りましょう」と言っている。たしかにそういう手もあるだろう。きちんと配慮をして言葉をかけ、納得のうえ交代という方法もある。

しかし、ここはもう一度、山崎に賭けてみようと思った。山崎という選手は、楽天に来る前は、首脳陣にも牙をむくことがあるほど暴れん坊で有名だったが、それは筋が通らないときには相手がだれであれ立ち向かう男気からくるものだということを私は知っていた。楽天に来てからは、一度も暴れん坊だと思ったことはない。

山崎は、そういう男気や責任感のあまり、結果を恐れて思い切りに欠けるバッティングになってしまうところがあった。この試合では、狙い球の簡単なアドバイスをしたあとに、私はこう言った。

「俺はおまえを信頼しとる。ここは、おまえに任せたから、200%この打席に集中して、思い切って振ってこい」

山崎は静かにうなずき、1つ深呼吸をしてから泰然と打席に向かった。その背中を見て、いい予感がした。結果は大当たりだった。

いやな予感をうれしい予感に変えるのは、信頼である。

信は万物の基をなす。

私は常々そう言ってきた。野球という団体スポーツは、信頼がなければチームが成り立たない。監督に対する信用がなければ選手は動かない。そして、その信頼を言葉にして伝えるべきときがある。私たち古い日本人は、「そんなことは口に出さなくてもわかってくれるだろう」と思って、言葉に出さないことが多い。しかし、言葉に出してこそ生まれる信頼感もある。激励や応援の言葉が人から人に伝わるとき、そこでは「信が基をなす」のである。

流れを変える鈍足の盗塁

セオリーと確率を重んじるのが私の野球哲学の1つである。しかし、たとえ理論上、成功の確率が高いと思われている作戦だからといって、無条件でそのサインを出したことは一度もない。

セオリーに頼りきって思考停止するのは愚かなことだ。確率の高い作戦をワンパターンで繰り返すのは、まさにバカの一つ覚えになってしまう。

たとえば、試合中盤以降、なんとかして1点を取りたいという場面でノーアウト一塁になると、いつも判で押したように送りバントをする。盗塁やヒットエンドランが思い浮かびはするものの、一塁ランナーが鈍足だったりピッチャーだったりすると、あっさりそんな発想は打ち消してバントのサインを出す。そういう野球は見ていてもつまらないし、やっているほうだって楽しくない。野球と映画には、意外性がなければファンは喜んでくれないのだ。

もちろん、ただ奇をてらうのではない。一見、「あっ」と驚くような作戦が、あとで考えれば、「なるほど」と思える作戦。無謀に見えるけれど、実は根拠があって成功する確率の高い作戦というのがある。

ノーアウトランナー一塁での送りバントは「手堅い作戦」と言われるが、簡単に相手にアウトを1つあげてしまうのだから、実は「お人好しの作戦」でもあり「損な作戦」でもある。相手ピッチャーや相手ベンチにとっては「バントしてくれて助かった」という場合も少なくないのだ。

私がノーアウトランナー一塁のケースでまず最初に考えるのは「アウトを取られないでランナーを進められる方法は何かあるか」ということだった。いちばん簡単にそれができるのは盗塁。ランナーの足、キャッチャーの肩、ピッチャーの牽制やクイックモーション、相手の警戒心、それを考え合わせて、「盗塁あり、盗塁なし」を即断即決する。

もしランナーがピッチャーだった場合は、「このピッチャーは走れるか」をコーチと確認し合って、「走れる」ならGOサインを出す。なにしろ、「相手の警戒心」という意味では、もっともノーマークなのがピッチャーだ。この隙にさっさと盗塁してしまえば、成功する確率は案外、高いのだ。

それとまったく同じ理屈で、私は現役時代、大事な場面でよく盗塁をした。「鈍足の野村が走るわけがない」と思われていることを逆手にとって、ここぞというときには盗塁を狙っていた。

とくに私が得意としていたのは、二塁から三塁への盗塁だった。三盗というのは、実は一塁から二塁へ盗塁するよりも簡単なのだ。なぜなら、ランナー一塁のときより二塁のほうがバッテリーの盗塁に対する警戒心が薄い。ランナー二塁でヒットを打たれると得点につながるから、バッターとの勝負に集中している。そこで隙を見つけたら、一気に三塁へ走る。私の通算盗塁数は117個だが、その半分は三盗だ。その成功確率は90%を超えていた。

そして、それは単なる盗塁以上の効果を生んだ。

「鈍足のノムさんに走られてしまった」

ピッチャーもキャッチャーも、そうショックを受けている。

逆に味方のベンチは盛り上がっている。それで流れが変わるのだ。

バッテリーというのは、ランナーがいないときは気持ちよく勝負していたのに、ランナーを出したとたんにガラリと意識が変わってしまうことがある。とくにピッチャーは、ランナーを背負ったとたんにバッターに集中できなくなって、コントロールを乱したり、ボールが甘くなってしまったりすることが多い。

相手のエースピッチャーがスイスイ投げて0点に抑えられているときなどは、そのまま気持ちよく投げさせていたら何もしないままで試合は終わってしまう。まずは、どんな形でもいいからランナーを出すこと。そして、そのランナーが盗塁するかどうかはともかく、ピッチャーにランナーの存在を強く意識させるのだ。リードを大きくとって何度も牽制を誘ったり、スタートを切るポーズをとって見せたりして、ピッチャーがバッターに対する集中力を削いでやれば、そこでバッターに有利な要素が増えてくる。さっきまで手も足も出なかったピッチャーに少しずつほころびが出てくる。「いいピッチャーを崩すためにはとにかく塁に出てかき回せ」というのは、単に盗塁やエンドランを仕掛けるだけでなく、ランナーがピッチャーにとって目障りになるようなかく乱戦法でピッチャー心理を揺さぶるという意味もあるのだ。

どんな大エースでも、かならず弱点はある。その中でも、ランナーを背負ったときに心理状態が変わりやすいピッチャーというのは、そこを突かれて試合の流れを悪くしてしまうことが多いのだ。

「鈍足のノムさん」は、大事な場面でランナーに出たときは、それしか考えていなかった。

奇策の極意

勝負事には、正攻法と奇策がある。

世間には「野村は策士」というイメージがあり、私はよっぽど奇策が好きだと思われているかもしれないが、実はそうではない。

常々言っているとおり、私は、理をもって戦うことを旨としているし、野球とは確率のスポーツだと思っている。だからセオリーに沿って、成功の確率が高い策を講じていくことが正攻法となる。

ただし、勝負には正攻法だけでは勝てないときがある。とくに弱者が強者を倒すためには奇策も必要だ。

私を監督に呼んでくれた球団は、万年Bクラスの弱小チームばかりだったので、正攻法で勝つための選手育成やチーム強化をはかる一方で、強豪チーム相手に戦うためには奇襲や陽動作戦で戦力不足を補わなければいけないこともあった。

しかし、「策士、策に溺れる」という格言があるとおり、奇策に頼ってばかりいると落とし穴に落ちる。あくまでも正攻法で勝つことを目標にしつつ、実力が上の相手を倒すための戦い方の1つとして、ときに奇策を用いるのだ。

言うまでもなく、奇策は意外性がなければ奇策にならない。いつもいつもやっていれば、相手にはバレバレだ。あくまでも正攻法と奇策の組み合わせが「作戦」なのである。

奇策というものは、うまくいけば「いい作戦」にもなるが、失敗するとショックが大きい。「ふつうにやっていれば勝てたのに余計なマネをしたから負けてしまった」と後悔することもあるから、成功のメリットと失敗したときのデメリットをよく考えておかなければいけない。

たとえば、相手にリードされて苦しい展開が続いているときに起死回生をはかろうと奇策を講じるのは失敗する危険性が高くなる。「これを失敗したら、もうあとがない」というプレッシャーがあるし、案の定、失敗したときには「これで、もうダメだ」という落胆につながる。

逆にこちらが1点でもいいからリードして優位に立っているときには、同じ奇策でもプレッシャーが少ないから成功する可能性のほうが高くなる。

奇策にはギャンブル性の高いものもあれば低いものもある。リスクの大きいものもあれば小さいものもある。「このケースでこんな策を打ち出せば、どういうリスクがあるのか?」という計算をしなければいけない。とりわけ敵味方の心理面に及ぼす影響を考え合わせて、実行すべきか否かの判断をしなければいけない。

作戦が成功したらこちらに勢いがつき、相手は大きなショックを受ける。反対に失敗したら流れは一気に向こうに行ってしまい、致命傷になる場合があるから、慎重を期さなくてはいけない。

人間は感情の動物であるから、心理面の有利不利によって、作戦の成功率は大きく変わる。たとえば、同じスクイズでも、リードしているときに追加点を取りにいくスクイズであればプレッシャーも少なく成功の確率が高くなる。逆にリードされていて同点に追いつくためのスクイズであればプレッシャーが強くて成功率が下がる。

奇策には、やるべきタイミングがあるのだ。

プロ野球では、4月が「奇策の季節」だと私は考えていた。シーズンの最初に一度、奇策を見せておくと、その効果は1年続く。

「野村は、きっとまた仕掛けてくるにちがいない」

相手は、そう戦々恐々としている。4月のシーズン初対戦の3連戦に奇策でかき回して見せておけば、そのおかげで、相手は同じ場面になると、1年通じて警戒してくる。それがありありと見えるから、こちらはあえて何も仕掛けない。相手の意識過剰のおかげで、こっちは正攻法で戦っているだけなのに、相手が勝手に自滅していくのだ。

ヤクルトの監督を務めていたとき、4月最初の阪神3連戦でこんなことがあった。ヤクルトの攻撃中、1アウトランナー三塁でスクイズを警戒されている場面で2ストライクに追い込まれた。こちらの作戦は、これからが本番。相手は「2ストライクになったから、もうスクイズはないだろう」と警戒態勢を解いている。そこで、こちらはスクイズの変形版として「ランナー三塁のヒットエンドラン」の奇策を出した。ランナーはスクイズのときのように一気にスタートを切って猛然とホームに走るのではなく、ゆっくり気味にホームに向かって走り出し、バッターはなんとかバットに当てて内野ゴロを打つ。これで1点を取った。いままでどこでも見たことがない「ランナー三塁のヒットエンドラン」だった。

ランナー一塁やランナー二塁で盗塁を警戒されている場面では、「行くぞ、行くぞ」と見せかけていかない。その反対に、まったく走るそぶりを見せずに盗塁する。そういう走塁を何度も見せてバッテリーにランナーを意識させる。すると、バッターへの集中力が散漫になってくる。最初の3連戦でそういう奇策を次々に見せられた阪神の吉田義男監督は1年間「また野村は何かやってくる」と心配そうな顔をしていた。

そうなれば、こちらはもう何もしなくても心理戦で優位に立っている。相手は奇策という見えない敵におびえているのだから、こちらは逆にふつうに野球をやればいいのである。

つまり、これは弱者が強者と戦うための「無形の力」としての「奇策のお化け」である。

「やるぞ、やるぞ」と見せかけて、やらない。何もやらない試合を続けているうちに「何もやってこない」と相手が思い始めたところで、またときどき「やる」。それが、奇策の極意である。

スランプという悪い流れを断ち切る方法

ちょっと調子が悪くなると、すぐに「スランプだ」と言いたがる選手に、私はよくこう言った。

「おまえの場合はスランプじゃなくて、ただの下手くそなんだよ」

スランプのせいにしてしまうと、自分で自分の限界を決めてしまうことになる。結果が出ないのは、そこにかならず原因があるのだから、まずそれを必死で見つける努力をして、それが見つかったら一生懸命に克服する。

たったそれだけのことだが、そう簡単ではない。なぜなら、いままではうまくいっていたはずのことが急にうまくいかなくなったからだ。

「おかしいな。いつもどおりにちゃんと練習をして、いつもどおりに一生懸命に試合に臨んでいるのに、悪い結果が続いてるなんてヘンだなあ」

そう思っているから、そこで頭打ちになるのだ。調子が悪くなったときに「スランプだ」と思っている人は、調子がいいときの自分が当たり前だと思っている。だから「おかしいな」と首をひねっている。

しかし、そうではない。いままでは、たまたまうまくいっていただけなのだ。まだ自分は実力が足りないから、こんなふうに悪い結果が続いているのだ。

そう気づけば、「いつもどおり」とか「いままでどおり」の努力では足りないと気づくはずだ。この状態を乗り越えようと必死にもがき苦しみ、その先にやっと光明が見えてくる。それが「自分の限界を超える」ということだ。それが成長ということなのだ。

そして、さらにその先で再び待ち構えているスランプをどう克服するか。それが二流から一流への道につながる。一流から超一流への道につながる。

人間、だれしも調子がいいときもあれば悪いときもある。面白いようにうまくいくときには何をやってもうまくいく。それがひとたび不調の渦に巻き込まれてしまうと、もがいてももがいても抜け出せない。

そういうときには基本に戻るのがいちばんいい。土台から見直すのが、遠回りのようで近道だ。野球の場合であれば、野球選手の基本となる土台、つまり、下半身を鍛え直す。ピッチングもバッティングも下半身がしっかりしていなければ、調子は上がらない。小手先の修正だけでは、スランプ脱出は望めないのだ。

スランプのときは、汗を出せ。スランプというのは、体以上に精神的な部分で思い悩んでいることが多いから、まず体から汗をどんどん出してスッキリして心を軽くする。そのためには、走るのがいちばんいい。

「とにかく、走れ、走れ。走って汗を出して、走って下半身を鍛え直せ」

それをもっとも忠実に実践していたのが金田正一さんだった。「走れ、走れ」で400勝。私はあの人の現役時代をよく見ていたが、ブルペンで投げているところはほとんど見たことがない。とにかくいつ見てもよく走っていた。キャッチボールや遠投をしているときも「下半身、下半身」と、それしか言わなかった。

ロッテの監督になったときにも、口を開けば選手たちに「走れ、走れ」。それでロッテを日本一にまで導いたのだから、やはり、走ることは大切なのだ。

ピッチングもバッティングも、走り込んだことによってフォームが安定し、体にキレが戻る。走るというもっとも単純な基本でスランプを抜け出した例を数えきれないほど見た。走ることにはスランプがないのだから、スランプのときほど走るというのは理にかなっているのだ。

指導者の視点でスランプに陥っている選手を見れば、その原因は多かれ少なかれ見えている。ここをこう直せば調子を取り戻せるだろうというポイントがだいたいわかっている。

しかし、そこで簡単に手を差し伸べたり、手とり足とりで細かく教えたりしてしまうのは、選手のためにはならない。その場はなんとか調子を取り戻したとしても、またすぐに不調の波が来て、またスランプに苦しんでしまうことになる。

それは自分の中に何も答えがないからだ。調子がいいときは何も考えずに結果を出して、調子が悪くなると監督やコーチがすぐにつきっきりで直してくれて、そのおかげでまたよくなって、また調子が落ちて……。ということをいつまでたっても繰り返しているだけ。なぜそういうスランプになって、それをどう乗り越えていくかという自分なりの方法論や解決策が何も身につかないのだ。

そういう自分なりの答えを見つけ出して自分で立ち直れるようになるために、私はいつも黙って見ていた。もっと言えば、ほったらかしにしていた。自分でもがいて苦しんで、自分の知恵と経験と努力でそこを抜け出さなければ、本当の力は身につかないのだ。

「監督、でもあいつが立ち直らないと、チームも浮かび上がれませんよ」

そう言ってコーチが手を出そうとしても、私はきっぱりと制した。

「あいつがあのままだったら、外せばいい。代わりはいくらでもおる。それを思い知ることも大事なことだよ。いまは黙ってしっかり見守ってやれ。もしあいつが苦しんだ末に自分なりの修正点や問題点を見つけかけて、その具体的なアドバイスを求めてきたときは、ヒントをあげればいい。本人が試行錯誤して抜け出そうともがいたあとで、指導者の客観的な目で見て指摘してあげるべきときはそうしてあげればいいんだ」

二流にスランプはない。

それが私の持論だ。私自身、現役時代は自分がスランプだと思ったことは一度もない。

「俺はまだまだ下手くそやな」

調子が落ちたときは、いつでもそう思って練習した。

とはいえ、長いシーズンの中には、気分転換でもして、沈んだ空気を変えたほうがいいときもある。ちょっと野球から頭を切り離してリフレッシュして流れを変えたいときもある。

昔から一流選手ほどよく遊ぶ。大記録を残している模範選手たちも数々の豪遊伝説を残している。最近の選手は遠征のときも、夜に宿舎を出ることもなく、おとなしくコンビニに行って部屋に戻ることが多いようだが、かつては銀座や北新地や博多には夜のホームランバッターや夜の剛球投手がいたものだ。私も例外ではなかったが、それを気分転換と活力にして、またがんばるというメリハリがあってもいい。まあゲームやスマホで気分転換してスランプを抜けられるならそれも新しい時代の有効手段であろう。

おわりに　野村の女運

「結局、相手を攻略するための基本は、どれも同じじゃないか」

あるときから、私はそう考えるようになった。キャッチャーとしていかに相手バッターを攻略するか。バッターとして、相手ピッチャーをどう攻略するか。監督として、相手チームをどう攻略するか。そして、男として、どうやって惚れた女性を攻略するか。いかにして口説き落とすか。

そこに共通して大事なのは、相手をよく観察して研究し、長所と短所を見抜き、傾向と対策を練り、相手と向き合ったらその内面を推し量り、相手の気配や感情を感じ取り、最後は勇気を持って攻めていくということだ。

私はバッターとして変化球への対応能力が乏しいことを補うために、相手ピッチャーの傾向と対策を研究して配球を読む力を身につけた。同じように、不細工な私は男としてさっぱりモテないから、なんとかしてそれを補うために女性心理を研究したり、どうすれば女性が喜んでくれるかを観察したり試したりした。

しかし、野球では傾向と対策がピタリとはまることもあったが、女性のほうは、どんなに努力をしても、からっきしダメだった。ぜんぜんモテなかった。

私は高校を卒業してプロ野球選手になるとき、占い師にこう言われた。

「あなたの仕事運は、とてもいい。もし失敗するとしたら、それは女が原因です」

いまにして思えば、さすが京都で「よく当たる」と評判だった先生だけのことはある。

そういえば、私が幼いころ戦死した父は、「とても女好きな人だった」と母から聞かされたことがある。

「女癖が悪くて、いつも私はお父さんにすごく苦労させられたんだよ。克也、あなたにもその血が流れているんだから、よく気をつけなさいよ」

そう言われて、子ども心に「女には気をつけなきゃいけない」と思ったものだったが、同時に「俺には女好きの血が流れているのか……」という妙な期待と不安が入り混じってもいた。

考えてみれば、私がまったく女の人にモテないというのは、子どものときからだった。

女子からまるで人気がなくて、盆や正月に同級生の女の子の家にお呼ばれするようなときにも、なぜか私は声をかけてもらえなかった。貧乏でみすぼらしい子どもだったからだろうか。

そのうえ、上級生の男の子たちにはよくいじめられた。それを見つけて私を助けてくれたのが、担任の女の先生だった。当時、代用教員として赴任していた20歳の若くてきれいな先生だった。

先生は、私の境遇を知って、いつも何かと優しくしてくれた。放課後は1人だけ残って先生の手伝いをさせてもらったり、おやつをもらったりしていた。

あるとき、先生は、いつも私をいじめている上級生が、校庭でみんなと相撲をとって遊んでいるのを見て、その上級生にこう言った。

「私と相撲しましょう」

先生は、その体の大きな上級生を気持ちいいぐらいに投げ倒すと、私を見てニッコリと笑った。先生にみんなが拍手喝采をした。

「や〜い、女に投げ飛ばされた〜」

次の日から、上級生はすっかりおとなしくなった。そして、私はますます先生が大好きになった。

あれは、まちがいなく私の初恋だった。

「俺は将来、この先生みたいな人と結婚したい。美人で優しくて賢くて強くて、こういう最高の女性と一緒に生きていきたい」

ずっとそう思っていた。

そして、いま私の隣にいる古女房は、たしかにだれよりも強い女性だった。しかし、それ以外は、まるで初恋の先生とは違っていた。

あの占いの先生に言われたとおり、やはり私は女運が悪かった。この女房のおかげで、私は南海の監督をクビになり、阪神の監督もクビになった。

しかし、いまこの歳になって改めて振り返ってみると、この女房がいたからこそ、どんなときでも野球を捨てずにがんばることができた。

あのとき、南海を追われて落ち込んでいる私に女房は言った。

「南海なんかやめたってなんとかなるわよ。あなたには野球しかないんだから、もっと野球をがんばりなさい」

そう尻を叩いてくれる人がいたから、ここまで長く野球の世界で生きてこられたのだ。

私はこう見えても気が小さくて人がいい。そのうえ本当は怠け者だ。そういう男は、こういう強い女に叱咤激励されなければ何ひとつ満足に成し遂げられないということを見抜かれていたのだ。

だれが見抜いていたのか。それは神様と女房だ。どっちも「カミさん」だ。

そう考えれば考えるほど、私は運がいい。私は結局、仕事運にも女運にも恵まれていたのだ。感謝、感謝、感謝である。

その感謝とは、神様と女房だけでなく、野球への感謝でもある。野球を通じて出会ったすべての人たちに対する感謝である。

人はけっして1人では生きていけない。

私はミーティングで選手たちにそう言い続けながら、その深い意味を自分で自分に問い続けてきた。

人は人によって生かされていると気づいたとき、人のために何かができる人間になる。人のために何かができる人間になったとき、人は人の気持ちがわかるようになる。人の気持ちがわかるようになったとき、私たちは人との縁や運を知る。

運命は変えられるか？　運は自分で切り開けるものなのか？

私の答えはＹＥＳである。

「心が変われば行動が変わる。
行動が変われば習慣が変わる。
習慣が変われば人格が変わる。
人格が変われば運命が変わる」

私の好きな言葉である。

これは「正しいプロセスを経て努力すれば、かならず好運に恵まれるときがくる」という私の考えを言い尽くしてくれている。アメリカの哲学者の言葉だという説もあるし、ヒンズー教の教えだという説もあるが、出典はともかく、とても有名な言葉である。この言葉に多くの人たちが感銘を受け、そう信じているのは、そこに真実があるからであろう。

私はこれからも命あるかぎり、正しいプロセスとは何かを自らに問いながら生きていきたい。それが、たくさんの縁と運に生かされてきた人間の務めだと思っている。

運

2017年２月７日　初版第一刷発行
2020年３月25日　初版第二刷発行

著　　者／野村克也

発 行 人／後藤明信
発 行 所／株式会社竹書房
〒102-0072
東京都千代田区飯田橋2-7-3
03-3264-1576（代表）
03-3234-6208（編集）
URL　http://www.takeshobo.co.jp

印 刷 所／共同印刷株式会社

カバー・本文デザイン／轡田昭彦＋坪井朋子
写真提供／株式会社アマナイメージズ
協　　力／株式会社KDNスポーツジャパン
構　　成／松橋孝治
編 集 人／鈴木誠
企画編集／髙木真明

Printed in Japan 2020

乱丁・落丁の場合は当社までお問い合わせください。
定価はカバーに表示してあります。

ISBN978-4-8019-0987-8